Je me manque

Je me manque

Adrien B.

Vague à l'âme - Juste un type fade

Préface

Par Lucas Clavel

Bien que je me sente incapable de synthétiser l'écriture de cet ouvrage, je peux tout de même en dire ce qu'il m'est possible d'y percevoir de mon ami : une curieuse quête de l'absence. Un besoin du vide. Une attirance au néant. Une terrible volonté d'exister. Un ardent désir du non-vivre. Une nécessité d'être ailleurs sans pouvoir s'éloigner. Un voyeurisme de la vie qui ne peut éviter les regards humains. Une conviction d'être indigne à l'amour. Une inhabilité à ne pas être aimé.

Je sens quelque chose de l'ordre de l'invraisemblable face à celui qui se présente comme un homme tentant de s'expérimenter lui-même par la raison ; je le vois, nettement, celui qui ne veut surtout rien dire en avouant tout, celui qui aimerait pouvoir tout avouer sans dire un seul mot. Peut-être est-ce parce que je lui ressemble. Parce qu'on lui ressemble tous.

J'ignore ce qui effraie le plus Adrien : de vivre ? de ne pas vivre ? de ne jamais rattraper ses fantasmes ou de les accomplir ? de toujours avoir son passé sur le dos ou de l'oublier ?

En tout cas, il nous délivre ce livre à refermer que l'on garde soigneusement ouvert.

Avant-propos

Par Camille Trichet - @artdesmaux

Camille, tatoueuse, illustratrice et écrivaine, a publié il y a plusieurs mois son premier « Petit dictionnaire des émotions », où elle s'adonne à la création de nouveaux « mots-émotions ». Des verbes, des adjectifs, des noms pour souligner ce qui, jusqu'alors, n'était pas soulignable.

Son regard sur ce que je peux produire étant important pour moi, je lui ai envoyé, avant même de publier, le livre que tu décortiques de tes yeux, très cher lecteur, tendre lectrice.

En retour, elle m'aura honoré d'un long silence. Suivi de deux nouveaux mots que tu trouveras en tournant la page.

Camille, merci de donner à mon vocabulaire les armes nécessaires pour me défendre de ce qui attaque mon cœur.

DAIDALINTER

Daidalinter *(verbe)* – *[dedalẽte]* :

Volonté de sortir de son labyrinthe interne.

Daidalinter renvoie à la prise de conscience de ses schémas internes tortueux et la volonté de les démêler pour ne plus en être l'esclave.

Ex : J'ai passé des années dans la nuit mais depuis j'ai daidalinté et je me suis enfin retrouvé...

__Daidalos__ : nom d'un Athénien représentant dans la mythologie grec l'artiste universel (architecte, sculpteur inventeur des premiers labyrinthes) - Renvoie au verbe « daidallein » : façonner avec art, d'usage poétique. Francisé en « dédale », ce mot désigne le labyrinthe, en hommage à celui construit par Dédale à la demande du roi Menos qui y enferma le Minotaure - celui à qui l'on veut échapper.
__Internel, internelle__ : adjectif du XVeme siècle, archaïsme littéraire désignant ce qui reste caché à l'intérieur d'un individu, l'intérieur psychologique.

S'ESPERDINTER

S'esperdinter *(verbe) – [sèspèrdêté]* :

S'esperdre (se perdre) à l'intérieur de soi.

Celui qui s'esperdinte est profondément perdu dans les méandres de son passé, il dérive sur ses pensées sans retrouver le chemin de qui il est.

Ex : Je m'esperdinter pour pouvoir échapper à la réalité mais j'ai fini par me manquer.

S'esperdre : *ancien français qui signifie « se troubler », donne naissance à l'adjectif « éperdu ».*

Interna, internus : *emprunté du latin classique « le dedans, les entrailles ».*

Je dédie ce livre à toutes les personnes pour qui on ne laisse pas de dédicaces. Et aux autres, aussi. Comme toujours.

Lucas, mon ami, merci de m'avoir donné envie d'écrire.

Adrien, ce livre est pour toi, j'espère qu'un jour tu le liras.

Et puis à Désirée, cette petite crapule féline qui aura rythmé ces 17 dernières années et avec qui j'en aurais fait, des tours d'étangs et de pensées.

Une pensée à ma marraine Nathalie, un rayon de soleil blond qui n'avait de petit que son nom. Savoir que tu lisais parfois mes bêtises me faisait sourire.

Je sais que tu manques à beaucoup, et je pense à eux, de loin.

Merci d'avoir laissé une trace de ton passage dans mon bureau. « Comme ça tu penseras à moi », avant de te voir pour la dernière fois.

Très cher lecteur, tendre lectrice,

Tu peux refermer ce livre.

Oui, tu as bien lu : cela fait à peine quelques pages que tu feuillettes ce bouquin, et l'auteur de ses misérables mots te demande déjà de le refermer !

Je te vois déjà là, les sourcils froncés, le cœur haussé et un goût d'adrénaline dans la bouche :

« Quel idiot fait-il ! De quel droit se permet-il de me donner un ordre ? Petit auteur de pacotille qui se croît tout permis ! Je me suis procuré ce livre : je compte bien le lire ! De sa première lettre jusqu'à son dernier mot. Et je recommencerai autant de fois que je le désirerai, non mais oh ! »

Mais la vérité c'est que je n'ai pas écrit ce livre pour toi. Et j'en suis désolé. Je ne m'en excuse pas, mais j'en suis profondément désolé.

J'ai tout essayé pour me retrouver, tu sais. Pendant de nombreuses saisons, j'ai essayé l'alcool et les médicaments. Puis l'Amour, évidemment, bien trop de fois pour que je ne le compte. J'ai aussi dépensé des mois entiers à détester ce fragment de moi que je suis devenu. Ce bout de bonhomme avec un morceau manquant en guise de palpitant.

Pour te dire : j'ai essayé le sport ! Et même de boire de l'eau. J'ai tenté de m'envoler à différents endroits du monde, en espérant me reconnaître dans le regard d'un passant irlandais, dans le goût des lèvres d'une belle californienne ou sur les plages d'une île hispanique.

J'ai même vainement déposé des cartes de visites dans les salles d'attente des hôpitaux : « Auriez-vous croisé l'homme que j'étais et que j'aimerais être à nouveau ? »

Mais rien n'y fait, lecteur, lectrice.

Rien.

Je ne me suis jamais retrouvé.

Et puis un matin, je me suis réveillé dans un soubresaut de génie -vous savez de ceux qui vous font ouvrir les paupières avec le cœur en sprint, les veines en feu, la bouche et les poumons au sec- :

Peut-être que finalement, si je passe mon temps à me manquer, c'est que je me cours après moi-même ? Si je ne me trouve pas, c'est peut-être que je suis derrière moi, à bout de souffle et de bras.

Et si j'étais en retard, qui sait ? Je ne suis moi-même pas ponctuel -beaucoup pourront vous en témoigner et me haïr de ne plus l'être-, alors comment puis-je attendre de moi une quelconque ponctualité ?

C'est de là qu'est née l'idée folle d'écrire ce livre.

J'ai cherché dans tout ce qui me plaisait. J'ai froissé puis détruit autant de ces choses qui m'amourachaient. Peut-être que la solution est de laisser cette bouteille à la mer : dans un océan que je ne fréquente pas.

De déposer un livre dans vos étagères, juste derrière moi.

Peut-être que je tomberais dessus en me manquant ? C'est con, je sais, mais pourquoi pas ?

Très cher lecteur, tendre lectrice,

Oui, tu peux refermer ce livre. Parce qu'il n'y a rien de beau dedans. Il n'y a pas de dragons, de princesses, de super-héros ou de romance entre deux êtres que le monde cherche à séparer.

Non.

Ce livre n'est qu'un message que je me laisse. Pour que je le retrouve un jour, peut-être. Et que je puisse me faire la conversation, me dire ce que j'aurais aimé me dire avant de me perdre.

Avant de m'abandonner, en pensant mieux mériter.

Adrien, où que tu sois, retrouve-toi, s'il te plaît. Prends moi par la main puis serre-moi dans tes bras car tu me manques, bien plus que de raison.

Oui,
je me manque.

Très cher lecteur, tendre lectrice, j'admire à quel point tu es têtu. Je ne peux pas t'en vouloir.

Non, je ne t'en veux pas.

Mais si tu me croises au coin d'une ponctuation, à l'abri d'un souvenir que je te partage, s'il te plaît, fais preuve d'autant de patience que j'en ai avec toi. Et demande-moi de revenir.

Mon « chez-moi » n'est devenu qu'un « quelque part » depuis que je ne m'y croise plus.

On y va ?

C'est con, quand même, de perdre du temps à se dire
que « l'on se manque », tu ne crois pas ?

On passe notre vie à nous côtoyer. La moindre des
choses c'est d'être présent à nos côtés.

VAGUE À L'ÂME
jmm@vaguealame.fr
@vague.ame

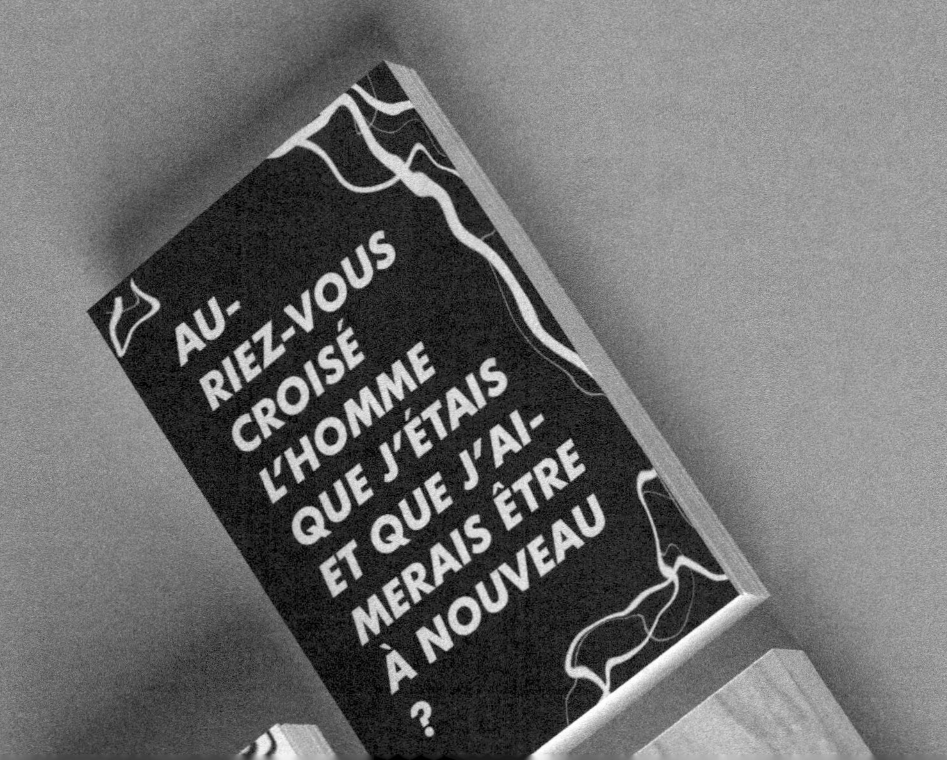

AU-
RIEZ-VOUS
CROISÉ
L'HOMME
QUE J'ÉTAIS
ET QUE J'AI-
MERAIS ÊTRE
À NOUVEAU
?

Où suis-je …?

Le plus marrant, quand on perd quelque chose, c'est la réaction des gens à qui on l'exprime :

« Mais tu l'as perdu où ? »

Si je le savais, bon sang, crois-tu vraiment que j'aurais les mains moites et des rivières sur les joues ?

Malgré tout, on se répète cette même question :

« Où est-ce que je l'ai mis ? Sur quelle table l'ai-je déposé ? »

Moi, quand je perds la tête ou un objet, j'ai besoin de revenir sur mes pas. Je me lève, et je retourne dans la cuisine ou le salon, je refais le chemin à l'envers, pièce après pièce. Endroit après endroit.

Jour après jour.

Et, tu sais, très cher lecteur, tendre lectrice : je suis persuadé qu'on t'a déjà dit la même chose quand tu perds le fil d'une idée ou d'une conversation. Alors tu reviens sur le sujet d'avant et tu te refais ton schéma de pensées à l'envers.

« Merde, on en était où déjà ? Je me suis encore perdu dans le joli bleu de tes yeux. La plage, les nuages, les draps, ...

Ah oui ! Je préfère dormir sur le côté gauche du lit. Et toi ?»

Le Petit Poucet déposait des cailloux.

J'ai toujours été fasciné par cette histoire : un gamin, haut comme trois pommes, a eu la décence et l'intelligence de marquer son chemin. Tu te rends compte ? Quelle forme de génie doit-on avoir pour penser a se laisser un cadeau pour plus tard ? Moi-même, j'ai parfois du mal a faire mon lit le matin, pourtant je sais que l'idée de retrouver des draps frais est une forme de douceur que le « moi de ce soir » adorerait.

Les seuls cadeaux que je m'offre pour plus tard, depuis maintenant des années, c'est du travail en retard. Ô, Adrien de demain, je te demande pardon pour toutes les responsabilités que je t'ai léguées. Tu dois me haïr un peu plus que je ne me hais déjà, c'est dire !

Mais, tu vois, le soucis avec les cailloux, c'est qu'on peut rapidement les confondre avec d'autres poussières de rocher. Dans l'histoire en question, le Petit Poucet retrouve, à la fin, avec ses frères, son chemin. Il en a de la chance ! Un autre gamin aurait pu passer et taper du pied dans ses repères.

Je ne sais pas toi mais, moi, j'ai toujours peur de jouer au foot avec une pierre. Peut-être que j'efface les traces de quelqu'un qui prévoit de se retrouver ? Ce serait dramatique. En voulant m'amuser à taper du pied, je me transformerais en kidnappeur maladroit. J'arracherais à la volée le seul espoir d'une personne de revenir sur ses pas. Je volerais son identité, ses rêves d'être un jour de nouveau chez-soi, à l'abri et le ventre rempli.

C'est une idée qui me fait froid dans le dos et me retourne l'estomac.

Combien de fois, dans l'espace d'une vie, dans ce « trop court » que beaucoup trouvent « trop long », sabotons-nous les retrouvailles d'un autre ?

Tu vois, lecteur, lectrice, hier je me suis arrêté sur les bords d'une route pour ramasser des déchets, déposés maladroitement dans un fossé au proche d'où j'habite. J'ai ronchonné comme un petit vieillard peu aimable en pestant sur la personne qui a fait ça. Mais, là, tout de suite, en t'écrivant, je me rends compte que, peut-être, j'ai fait une erreur. Peut-être que ce sac d'un fast-food qui ne discrimine pas, avait été soigneusement abandonné à cet endroit précis. « Pour plus tard ».

Peut-être que cette personne, en lisant la petite phrase « Venez comme vous êtes » : s'est retrouvé giflée par le terrible de sa vie.

Il ou elle ne savait plus qui il ou elle était. Se perdant dans un chemin de vie, le ventre plein. Et la peur de ne pas pouvoir se retrouver l'aurait poussé a déposer un petit déchet sur cette route de campagne, pour pouvoir, un jour, retrouver son chemin.

Qu'en penses-tu ? En ramassant ces emballages, je me suis peut-être fait bourreau. Brisant le tracé de caillou d'un simple gamin qui voulait retrouver ses parents et son chez-soi.

Combien de cailloux ai-je pris pour des déchets ? Combien de personnes se manquent aujourd'hui, à cause d'un maladroit qui croyait bien faire. Ou d'un enfant qui voulait juste jouer au foot.

Je crois que le Petit Poucet était un Grand Chanceux. Le hasard l'aurait serré fort dans ses bras, lui chuchotant que tout irait. Mais la chance ne se choisit pas, c'est une Tendre Ogresse qui nous épargne seulement lorsqu'elle a le ventre plein.

Et puis il y a Ariane !

Tu connais Ariane ? Évidemment que tu la connais. De peur que son aimé se perde dans un labyrinthe, pourchassé par une terrifiante créature mythologique : elle a décidé de lui offrir une pelote de fil.

C'est bien mieux que les cailloux, parce qu'à part s'emmêler les pinceaux, je trouve l'idée peu risquée. Un caillou, sur un chemin, ça se confond. Un bout de fil rouge, par contre, on le perd rarement.

Bon nombre d'orateurs le garde toujours en tête, ce fil rouge. Et je crois que le dédale de nos idées est bien plus complexe qu'un labyrinthe en guise de prison, aussi ingénieux soit-il. Alors s'ils arrivent à ne pas le quitter des yeux dans un endroit où il n'y a pas de lumière, c'est que ce petit bout de ficelle doit être impossible à confondre, sous un soleil brûlant.

Même si, par esprit de contradiction et avec un peu de recul, à la place d'Ariane, j'aurais offert à mon Bien-Aimé une bobine de fil bleu. Comme ça, aucun risque de le louper ! Tu savais que le bleu est la couleur la plus rare dans la nature ? Je te vois déjà me hurler « mais le ciel et les océans, espèce d'idiot ! »; oui, évidemment.

Mais le bleu, en pigment, est d'une rareté sans nom. D'ailleurs, le mot « bleu » est arrivé tardivement dans toutes les langues du monde tant la couleur est difficile à trouver naturellement. À quoi bon donner un nom à quelque chose que l'on ne connaît pas, que l'on ne maîtrise pas, dis-moi ?

Enfin, je m'égare. Le fil était rouge dans cette histoire de course-poursuite mythologique.

Sauf que parfois, en voulant s'échapper un peu trop vite : on tombe. Et quand on tombe, on s'écorche les genoux, on s'égratigne les coudes. On s'ouvre parfois le crâne sans pour autant s'ouvrir l'esprit. Une véritable plaie, n'est-ce pas ? Un coup dur, que l'on suture.

Et on le suture avec quoi, à ton avis ? Avec du fil, oui !

Le même fil qui aurait dû nous aider à nous en sortir. Ainsi, on retourne en arrière, un bouquin plus loin, mille et une histoires supplémentaires mais le constat est le même : on a moins le cœur à l'ouvrage et des cicatrices plein la tête.

Plus rien à suivre, impossible de s'y retrouver. Tous les couloirs sont les mêmes, tous les grains de sable identiques, chaque coin de mur est semblable au précédent. Même les métaphores se ressemblent. Elles sont usées et réutilisées d'un livre à l'autre.

Et les créatures nous rattrapent.
Avant de nous dévorer.

« *Ses plaies étaient si grandes que j'aurais voulu les recouvrir de haute couture.* »

On pourrait d'ailleurs parler d'Icare aussi.

Il fait partie de la même histoire que la maligne Ariane, c'est dingue je trouve. Son père, c'était Dédale : l'architecte du Labyrinthe dont je parlais, deux pages auparavant.

Tu savais, toi, qu'Icare n'est pas mort en se « brûlant les ailes », comme on le dit, mais en se noyant en mer, au bout de sa chute ? Il s'est perdu en volant, se pensant maladroitement invincible. Quand la fierté nous aveugle, on devient sourd des avertissements de nos pairs, on doit alors « se brûler les ailes » pour mieux se comprendre.

Mais c'est plus simple de se brûler les ailes à quelques mètres du sol, au dessus d'un matelas plein de plumes. Quand la literie prend des allures de Méditerranée, on y perd la vie. Mais on devient exemple immortel. Et on peut parfois donner notre nom à une mer toute entière.

Il y a tellement de détails et de beauté dans tous ces mythes. Mais te les raconter, ce serait futile.

Ce serait idiot et pas vraiment stratégique de ma part, que de me perdre dans une succession d'histoires au sein d'un livre où je voudrais me retrouver, non ? Déjà qu'en voulant faire vite, simple, précis : je commence à partir dans tous les sens, et à créer de la distance avec moi-même.

Mais je te vois venir, très cher lecteur, tendre lectrice : « Adrien, tu sais que, aujourd'hui : on a des GPS, des Google Maps, des Waze. »

C'est plus difficile d'être déboussolé à notre époque, je te l'accorde. Mais pour retrouver son chemin avec ces outils, il faut savoir se coordonner et connaître son adresse.

Je crois que c'est là que je veux en venir, tu sais.

Où suis-je ? Où me suis-je perdu des yeux ? À quel endroit ? Dans les bras de quelle de femme ? Sur quel quai de gare ? À quelle époque, quel mois ?

Dans quelle pièce ?

Peut-être suis-je assis dans une salle de cinéma vide, absorbé par le générique de la vie. C'est vrai que les gens qui partent avant la fin des crédits m'ont toujours surpris. Moi, j'ai peur de louper la fin, les quelques secondes qui montreront le héros dans un scénario cocasse pour nous dire : « On se revoit bientôt ! ».

Je ne serais pas surpris si j'étais resté dans mon fauteuil rouge de cinéma, terrifié et sur ma faim. À me ronger les ongles, espérant ne pas en louper une seule seconde. Quitte à finir dans la pénombre.

Je suis un peu idiot, c'est vrai - Désolé, Adrien, si tu lis ça ; je ne peux pas te mentir, alors autant te parler franchement !-, mais je ne crois pas être le moins malin des hommes pour autant.

Si Ariane, le Petit Poucet et tous ces héros ont pensé à laisser des traces sur leurs passages pour se retrouver. J'ai du mal à croire que, même inconsciemment, je n'en aurais pas disséminées.

Pour preuve, je me laisse bien ce livre. Il est certain que je ne pourrais pas l'utiliser pour « retrouver mon chemin », mais sur un malentendu je pourrais éventuellement tomber dessus, qui sait ?

Le tout, maintenant, c'est de savoir ce que je me suis laissé. Quels sont mes signes, mes repères ?

Que dois-je suivre, très cher lecteur, tendre lectrice ? Tu le sais, toi ?

Dois-je regarder le ciel, la nuit, et courir à pleins poumons vers l'étoile la plus brillante ? Ou dois-je me balader aux aurores d'un Dimanche à Paris, en suivant les odeurs de pâtisseries et de pain ? Peut-être que les indices se trouvent ailleurs, ou bien peut-être sont-ils si proche que je ne peux pas les voir ?

Dans les films romantiques ou d'aventure, le personnage principal se voit souvent susurrer des : « Suis ton cœur ! ».

Suivre mon cœur. Tu crois que c'est une solution ça ? Après tout, je me le suis brisé bon nombre de fois, peut-être que c'est lui, mes petits cailloux. Peut-être que je dois le dérouler pour retrouver le fil de qui j'étais ?

Mais oui ! Je crois que c'est ça ! J'ai semé des morceaux de mon palpitant sur mon chemin ! Si je remonte toutes ces blessures, si je cherche chaque morceau de ce puzzle de chair et de sang, je suis sûr de tomber nez à nez avec cette personne qui me manque tant.

D'ailleurs, je serai sûrement là, à me balancer sur une chaise avec un grand sourire naïf, au milieu de ce cinéma en plein air ou d'une pièce de théâtre estival.

Et comme un bel idiot candide, ignorant de son futur et de la démesure de son errance, je dévisagerais ce grand barbu cerné que je suis devenu et je lui dirais :

« *Besoin d'un coup de main, Monsieur ? Vous avez l'air perdu !*

-   Plus   maintenant, gamin. »

Bon, enfin une piste ! Une direction à suivre.

Comment s'y diriger maintenant ? Dois-je remuer l'arbre de mes souvenirs en espérant ne pas m'y pommer ? Ou peut-être qu'en listant toute sa gravité, tout ça tombera du ciel... Non, il nous faut une approche scientifique !

Alors, très cher lecteur, tendre lectrice, je crois que l'essentiel est de définir ce que c'est que de se « briser le cœur ».

Quelles sont toutes les façons que nous avons pour en perdre un morceau. Immédiatement, je suis persuadé que tu as pensé comme moi : à cet homme, à cette femme, à cette jolie tignasse qui un jour t'a fait battre le cœur. Avant de se barrer avec quelques fragments.

Mais je me demande si c'est bien la seule manière.

L'Amour, oui. Mais l'Amour de quoi, dis-moi ?

Je crois que l'on peut « tomber amoureux » de tout et de trois fois rien. Souvent de pas grand chose, d'ailleurs.

D'une autre personne, évidemment, mais aussi d'un endroit. D'un pays, d'une passion, d'une chanson. D'un beignet à la myrtille que l'on mange après minuit dans un état américain. D'une mimique maladroitement perdue dans un métro. D'un doudou que l'on retrouve dans un grenier, chez nos parents.

Oui, il y a autant d'Amour que de façons de s'y blesser.

Mais l'Amour, vois-tu, n'est pas quelque chose qui se cristallise. Il n'existe pas une seconde, un instant, une fraction d'éternité où l'on passe de « pas amoureux » à « amoureux ». On « tombe » amoureux, comme dans une lente chute.

On « finit par se rendre compte » de la situation, une fois qu'elle est présente.

Très cher lecteur, tendre lectrice, si tu es encore là, permets-moi de te poser une question : as-tu déjà aimé ?

Peux-tu me décrire l'exacte seconde où tu es tombé en Amour ? Je dis bien tomber. Pas le moment où tu t'es rendu compte que c'était le cas. Non. Mais bien la demi-mesure où ton pied s'est décollé du sol.

Peux-tu le mesurer, le quantifier ? Te dire « c'est ça, c'est maintenant, je viens de tomber amoureux ou amoureuse : il y a une seconde je ne ressentais rien mais là, désormais, je le suis ! ».

Je me trompe très souvent, je dois l'avouer, mais je suis pourtant sûr que ce moment n'existe pas. Les « je suis entrain de… », oui. Les « ça y est, je le suis », aussi. Mais pas les « c'est exactement cette nano-seconde qui compte pour la suite », non.

Je crois que c'est pareil quand on perd un morceau de cœur. Beaucoup s'en rendent compte au détour d'un « merde, j'ai des miettes en guise de palpitant » ou d'un « je fais l'appel de mes sentiments mais il me manque quelques portions. Il ou elle a dû se resservir sans me laisser de quoi me nourrir pour mes autres repas ».

Mais peut-être que, finalement, ces morceaux nous échappent, justement, dès lors où nous trouvons quelque chose que nous ne voulons pas perdre. Se briser le cœur, c'est se rappeler des moments de bonheur intense, où plus rien n'a d'importance, où l'on est véritablement vulnérable.

Et c'est de cette vulnérabilité que naissent les plus belles aventures, celles qui nous forcent à laisser une partie de nous quelque part, comme un soldat qui se découvre de son armure, se sentant en sécurité.

Oui, si je devais définir se « briser le cœur », je crois que je parlerais de toutes les fois où l'on se sent « entier ». C'est comme le calme avant la tempête.

Alors c'est ça, lecteur, lectrice. Oui, pour avoir une chance de me recroiser, je dois me balader dans mes souvenirs les plus entiers, un à un, jusqu'à retrouver celui où, pour la première fois, je me suis dit :

« Bordel, je me sens bien. »

Peut-être que tu fronces les sourcils, là, en te disant que je prends le problème à l'envers. Sûrement d'ailleurs. Mais j'aime bien me dire que pour me retrouver, je dois retrouver les bons moments. Je dois les lister comme on liste les courses à faire, avant de partir au supermarché.

Les compter, sans les discriminer, comme on compte les moutons avant de s'endormir. Comme nos maîtres et maîtresses nous comptaient, deux par deux, pour vérifier que la cargaison si précieuse de nos minois enfantins était intacte avant d'aller à la piscine.

En parlant de piscine, je sais par avance que je vais faire couler les larmes sur mes joues, ces mêmes larmes qui trempent le plancher de mes cellules grises.

Comme un prisonnier dans sa cage de moments noirs, je risque de tourner en rond sur le béton froid de mes pensées. Mais le jeu en vaut la chandelle, il me semble.

Je risquerais tous les incendies du monde pour pouvoir me recroiser. Et dîner en tête à tête avec moi-même.

Enfin bon ! Trêve d'écarts et de bavardages, je crois qu'il est temps de commencer à se balader dans mes souvenirs dilettantes. Cette introduction se fait longue et même si je sais que je vais souffrir en me rappelant la beauté de certains instants du passé, je pense que tu as autant hâte que moi d'y replonger, d'en regarder tout le décors. De s'abreuver de ses odeurs et de toutes mes bêtises.

Mais j'aime languir et faire languir. Alors avant de sauter tête la première dans cette piscine à débordement imagée, j'ai envie de m'adresser à moi, Adrien.

Si par heureux hasard ou travail minutieux, tu finis par remonter à la surface à ma place, ou avec moi : ci-après tu trouveras quelques mots que j'avais envie de t'écrire.

    « Bonjour toi, ou bonsoir, quand que tu sois.

    Je crois que cela fait bien longtemps que l'on ne s'est pas adressé la parole. On se taperait toujours autant sur les nerfs, je crois. Je m'insupportais déjà à l'époque où l'on passait chaque seconde ensemble, alors bon.

Tu sais, ce n'est toujours pas simple, ici, sans toi. C'est comme avant, vide et froid, mais je commence à accepter que ça vaut le coup, que tout ça a du sens. Et tu sais le plus fou ? J'ai compris récemment que la vie n'était pas un sprint !

Ouais, je sais, tu dois hausser un sourcil en me prenant pour un dingue. Mais c'est vrai. Tu ne vas pas mourir à 25 ans, Adrien. Te connaissant comme je me connais tu vas prendre ça comme un échec, mais je te promets que c'est cool. Et de là où je suis, je commence même à croire que l'on va vivre vieux, c'est bizarre.

Tu t'imagines, toi ? Nous : avoir les cheveux blancs un jour. La tête qu'on aurait ! Mais ça risque d'arriver, parce que tout ça est un grand marathon. J'aurais, d'ailleurs, aimé le courir avec toi, même si tu détestes le cardio autant que moi.

Tu as perdu beaucoup de personnes et je sais que t'aimerais en retrouver énormément. Je sais aussi que t'es fatigué alors que t'as même pas 30 ans. Mais, je voudrais que tu saches, à mon tour, que la seule et unique personne que t'as un jour perdu et que t'auras vraiment besoin de retrouver dans ta vie : c'est toi-même.

Parce que moi, c'est toi, et toi, t'es plus là. Mais quand tu liras ce message, peu importe le temps que ça prendra, j'espère que tu seras de retour avec toi-même.

Et si ce n'est pas le cas, s'il te plaît : replonge dans tes jolis souvenirs. Reviens-moi, ou retrouve-toi, peu importe. C'est important parce qu'à l'heure où je t'écris, tout est teinté de ton absence, mon Ami.

D'ailleurs en t'appelant comme ça je me rends compte qu'il y a quelque chose que tu ignores : on a trouvé quelques amis avec qui s'entendre. Et j'aimerais te les présenter. Je ne suis pas sûr qu'ils t'adoreront, mais toi je crois qu'ils te passionneront autant qu'ils me passionnent.

Mais attention, il faut que je te prévienne : ils sont grands ! Par l'esprit, oui, mais par la taille, aussi. Quand tu les serres dans tes bras pour leur dire bonjour : tu es le plus petit.

C'est tout autant loufoque. Parce qu'avant eux, je crois que je n'ai jamais été plus petit que quelqu'un. Mais c'est arrivé, et ça me fait du bien.

Pourtant, je suis encore un peu loin d'eux.

Pourquoi donc, tu vas me demander ? Et bien parce que : toi. Parce que le matin quand je me réveille, quand je prends ma douche et me croise dans le miroir : je ne te vois pas.

J'étais persuadé qu'on grandirait ensemble et ton absence est un abandon que j'ai du mal à comprendre et accepter. Tu avais envie de prendre des vacances loin de toi, je le sais. Mais maintenant que tu n'es plus là, je peux t'assurer que je me manque. Je peux te promettre qu'ailleurs n'est pas mieux. Parce que depuis que tu y es : le ici est devenu n'importe quoi.

Mêmes les parfums ne t'enivrent plus comme avant. Les odeurs nous montent à la tête sans vraiment nous enchanter. Je suis toujours aussi curieux, tu sais, et je continue de tenir à la promesse que tu t'es faite il y a des années : toujours chercher les réponses aux questions idiotes que tu poses.

Par exemple, hier soir, j'ai lu énormément sur la couleur que je vois lorsque je me retrouve dans une pièce totalement obscure. Je me disais qu'elle était sombre, mais pas tout à fait noire. Et bien oui ! Cette couleur fantastique s'appelle « Eigengrau », ou « gris intrinsèque » de l'Allemand. Et il y a énormément d'expériences fascinantes sur son existence.

Mais aujourd'hui, la question idiote que je me demande : c'est de savoir où tu es. Et je ne trouve aucune réponse dans les choses que je peux lire. Alors je me suis dit que je les écrirais moi-même.

J'ai du mal à sortir du lit, tu sais. Si mes souvenirs sont bons, avant tu te levais à 5h sans réveil. Maintenant j'ai besoin d'en avoir un à chaque quart d'heure sans pour autant réussir à émerger. En y réfléchissant je crois que c'est en grande partie parce que je n'ai plus envie de me mouvoir dans un monde où tu n'existes plus.

À quoi bon quitter le lit et passer ma journée seul avec l'inconnu que je suis devenu ? À quoi bon aimer l'univers qui m'entoure quand je ne suis pas sûr d'être encore le « je » d'un « je t'aime » ?

Adrien, tu me manques. J'aimerais te recroiser ailleurs que dans mes rêves mêlés de nostalgie. J'aimerais que l'on se souvienne, ensemble, de ce temps que le moi de 20 ans n'a fait que connaître.

Je voudrais te dire que tu es beau, à chaque fois que tu me jureras l'inverse. Je voudrais que tu apprennes à te voir avec les yeux que j'ai et que tu as laissés dans une masse informe d'Eigengrau.

C'est marrant, parce que tu passais ton temps à te fuir. Et aujourd'hui tu te manques. Si tu ne sais pas quoi faire de tes jours : deviens magicien, vu le genre de tour que tu réussis déjà à te jouer.

Bref. Je voudrais. Mais t'es pas là.
Tu reviens bientôt, dis ? »

Je jalouse le Petit Poucet d'avoir

retrouver.

Très cher lecteur,
tendre lectrice,
à ton tour de te laisser
quelques mots avant
de te souvenir.

Gîte & cendres

Cher lecteur, tendre lectrice, j'aimerais te dire que j'ai su écrire tout ceci simplement, en quelques semaines, peut-être plusieurs mois. Mais non, la terre a choppé des vertiges à force de tourner sur elle en attendant que je termine ce bouquin.

Entre le moment où j'ai commencé à t'écrire, et celui où je viens le ponctuer de cette énième bêtise, j'ai égaré tellement d'autres morceaux de moi. Les déposant parfois avec le cœur, parfois par inattention.

Et c'est cocasse, parce qu'en lisant cette phrase tu dois certainement te dire que je suis sénile et perdu puisque tout est terriblement décousu. Je te vois déjà soupirer : « Ce sont les premières pages de ce livre, je ne comprends pas ? ».

Je t'en demande pardon. Alors que j'ai clôturé cet ouvrage, je reviens à son début pour y ajouter un chapitre.

Le premier livre que j'ai publié était intitulé « Je ne finirai jamais ce livre », car j'ai peur de terminer les choses, ou du moins de les figer. Je souris seul, comme un idiot, en voyant que je n'arrive pas à arrêter de saccager ce livre que tu tiens entre les doigts. Comme si l'imprimer et ne pas revenir sur ses pages, c'était m'arracher le peu de sens qu'il me reste.

« Je dois terminer le second », c'est la réponse que je donne depuis bientôt un an. Comme si c'était devenu un trait de ma personnalité, comme si « ne pas avancer » me définissait. Comme si le finaliser était un dû que je ne voulais pas m'octroyer.

Enfin bref, j'en étais à ces petits morceaux de moi que j'ai égarés. Il y a quelques heures, je me suis d'ailleurs effondré en me rendant compte d'une nouvelle perte.

Je viens de passer quelques jours dans un gîte, au milieu de nulle part.

Quand je te dis nulle part, je ne te parle pas d'un pays lointain mais d'être isolé totalement du monde et de ses connexions, simplement accompagné de ceux que j'aime.

Je sais que tout ceci est risible, mais quand on se sature les sens d'un brouhaha d'information pour ne jamais vraiment être seul avec celui que nous ne sommes plus : c'est un acte d'inconfort que je ne réserve que pour les grandes occasions.

Et de cette grande occasion, je voulais t'en partager un instant.

Il y a un feu dantesque dans le foyer de la cheminée. À ma droite, la femme que les fournaises jalousent et qui arrive, pourtant, à calmer chacune de mes tempêtes. À ma gauche, ce frère que j'aurais aimé connaître avant d'être un adulte inachevé, avec qui tout semble simple, même les inquiétudes douces.

Ma chaise est en retrait, je ne veux pas être acteur de cette scène. Je rêve de m'effacer, de ne plus être. Ni présence, ni écho. Elles sont rares, les secondes où les regards ne me traversent pas.

Ce couple de mes amis les plus sincères forment, sans le savoir, un spectacle que j'enregistre, décortique et admire silencieusement.

Ils parlent, débattent, ponctuent leur réflexion d'un moment de suspens que la braise décourage. Mon nez brûlé par mes reniflements incessants trouve un apaisement dans les odeurs du cigare que je fume.

Tout est doux. Et ça fait si longtemps que je n'ai pas eu la tête vide de « et demain, mais hier ».

Tout se passe maintenant, entre leur haussement de voix et l'éclat de leurs rires sincères. La révolte de ma douce, comme la violence d'un vent en prairie. Le sarcasme et l'éloquence de cet ami que j'admire.

Et puis je me vois rappelé à l'ordre, comme lorsque j'étais enfant et qu'en classe, tout le monde se taisait.

Tu as déjà vécu, ça, toi ?

Tu es dans tes pensées, bercé par un amas de voix et de sons. Le laïus de l'instituteur, les bavardages de tes camarades, les oiseaux dans la cours de récré, les voitures qui passent au loin. Les reniflements de ton voisin de droite, les bruits de crayons qui tombent sur le sol froid de la classe. Puis tout s'arrête. Et c'est ce silence oppressant qui te fait revenir à toi. « Adrien ? Je t'ai posé une question ! ». Tu paniques en interne, te remémorant les mots que tu viens d'entendre pour répondre à ce monsieur grisonnant qui te parlait de l'Histoire des Hommes.

Cette fois, et dans cette pièce de ce gîte de campagne, c'est mon ami qui brisera le silence nouveau.

« *Tu sais qu'on a parlé du fait que tu as été beaucoup silencieux pendant ces quelques jours, Adrien ?*

- Je sais, désolé. Mais c'est comme ça que je prends du plaisir. »

En effet, cher lecteur, tendre lectrice : Je ne veux pas être acteur des moments qui me sont chers.

Comme si j'avais peur de les tacher, de les salir de ma simple existence. Qu'en voulant les revivre, je finisse par croiser indéniablement ma présence. Ce jeune homme qui m'indigeste, et m'indispose.

Qu'un moment de sérénité devienne un autre : « Mais qu'est ce que tu fous là ? »

Pourtant, c'est en faisant cela que je m'égare, je crois.

Je récolte et peins des scènes où je ne suis pas. Je n'existe que dans mes propres introspections, jamais dans le souvenir des autres.

Je ne sais pas, si, en interrogeant les deux rôles principales de cette histoire sur la qualité de cet acte qu'ils viennent de jouer, ils te parleraient de moi.

Ils souligneraient l'ambiance, les craquements de bois, les poutres au plafond. Ils pourraient certainement lister les sujets qu'ils ont abordés, les odeurs qu'ils auront capturées. Ils pourraient te citer le dîner que l'on a mangé juste avant, et la décoration de ce beau restaurant que l'on a découvert. Ils te décriront spontanément la couleur des vêtements qu'ils portaient, les arômes du thé qu'ils ont siroté pendant leurs échanges.

Et peut-être qu'il te diront, à la fin de tout cela :

« Ah oui ! Et Adrien. »

Je crois ne jamais être le centre d'un souvenir que j'apprécie. Moi, dans ma boîte de souvenirs précieux : il y a les autres.

En y pensant, je me dis que c'est peut-être triste. Mais c'est très certainement symptomatique de ma vision du monde. J'ai peur de laisser une trace.

Je l'ai déjà dit, hurlé, écrit. Dans ce premier livre dont j'ai fait écho, quatre pages plus tôt.

Alors en te laissant aborder ce puzzle étourdi, je sais que tu dessines dans ta tête un souvenir dont je suis à la fois le centre et le contour. Et c'est terrifiant, bon sang !

Je ne sais pas si tu me lis au soleil, en dorant sur une plage qui a l'odeur d'une énième trêve estivale. Si je t'aide à mieux subir les tremblements du TGV dans lequel tu te trouves, alors que tu traverses l'hexagone, le cœur lourd de laisser les gens que tu aimes derrière toi.

Je ne sais pas si tu me lis le jour ou la nuit, avec un thé à peine tiédi ou au centre d'une insomnie. Je ne sais ni la météo de ton cœur, ni la date de ton calendrier. Mais ce que je sais, c'est que je me sens fragile d'être sous tes yeux, sous tes doigts, cher lecteur, tendre lectrice.

Tu sais, je suis mauvais lecteur, alors l'exercice d'imaginer quelqu'un de vivant, -avec ses pensées, ses problèmes, sa petite vie, ses victoires et ses moments sombres-, en train de décortiquer chacune de mes phrases : me donne des vertiges.

Sous prétexte que j'ai eu la prétention de faire valser quelques mots sur mon écran, puis sur du papier : je me retrouve réceptacle de toute ton attention, pour une heure ou deux. J'ai la chance et le fardeau de devenir un petit moment que l'on a partagé ensemble, sans que moi-même je puisse le partager avec toi. C'est bizarre non ?

C'est un peu ça, s'égarer. Peut-être que je me retrouverais dans les souvenirs littéraire d'un autre.

Enfin bref. Tu te souviens du gîte ?

De là où je t'écris : je suis assis sur la terrasse de ce bâtiment des années 1800. Le soleil me chatouille la nuque, le froid caresse ma peau à travers ma veste trop grande, même pour moi.

Il y a un petit chat roux européen et tâché d'une couleur suie. Comme si son pelage était une grimace qu'il me faisait, juste pour me rappeler que le feu a laissé place à quelques cendres. Que mon ami est parti, et que ce petit bout de paradis isolé s'est habillé d'une ambiance tombe.

J'ai les yeux qui piquent, parce que je n'ai fait que pleurer. Je pleure d'ailleurs en t'écrivant. Sachant pertinemment que je m'écris à moi-même, dans ce royal vide où je ne trône pas.

C'est donc ça, de ne collecter que des moments où je suis en arrière-plan ? Lorsque les acteurs qui nous rendaient si paisibles s'évadent : il ne reste rien. Un soubresaut stérile, terne, frivole. Une convulsion inintéressante uniquement troublée par des débris de charbon dans la cheminée.

Au fond du jardin, il y a un tipi pour enfant. Oui, un tipi ! Je m'y suis assis tout à l'heure d'ailleurs. Et laisse-moi te dire qu'en plein hiver, les terrains de jeux pour enfant deviennent terrifiants. Tout y est figé dans un soubresaut stérile, terne, frivole. C'est une convulsion inintéressante uniquement troublée par des traces de feutre sur la toile.

Ma douce est à ma gauche. Et je sais qu'elle sait. Je sais qu'elle est spectatrice discrète de mes larmes sans pouvoir les consoler. Un peu comme tu l'es, en ce moment.

Je me rends compte que je ne suis qu'un terrain de jeu pour enfant en plein hiver. Que le froid aura tout figé : même le temps. J'ai l'impression que le printemps ne viendra plus de moi-même.

Je m'efface sans pour autant disparaître.

Je ne sais pas où je suis mais je crois que je continue de me perdre.

Je me sens
fragile
d'être sous
tes yeux.

C'est donc
ca, de ne
collecter que des
où je
rrière-plan
les acteurs
rendaient si
s'évadent ; il ne
n. Un soubresaut
terne, frivole. Une
vulsion inintéressante
uniquement troublée par
des débris de charbon
dans la cheminée.
Vide.

Sommeil
& ennui

Tout est tellement plus simple lorsque l'on est fatigué.

La dernière fois que j'ai eu le cœur suffisamment léger pour, machinalement, ramasser une poignée entière de ses morceaux et l'offrir en cadeau, j'étais exténué.

J'avais des cernes jusqu'au menton et le reste du corps ridé par le sommeil. Le pire dans tout ça c'est que j'ai toujours été maladroitement amoureux de cet état, au point de le cultiver constamment. Quand je vais bien -*et tu comprendras très vite qu'aller bien, pour moi, c'est être un peu plus amoureux que les autres jours*-, je dors peu. Tout l'inverse d'un adulte fonctionnel, je sais !

Et c'est souvent la bouche en cœur que le monde me regarde et me questionne sèchement : « Mais Adrien, comment fais-tu pour être debout si tôt, chaque matin ? Tu as la gueule d'un cadavre, il faut dormir la nuit. »

Si seulement les gens savaient comme le sommeil est une perte de temps lorsque les rêves vivent en journée.

Qu'il n'existe rien de plus tourmentant pour moi que de savoir que je ne suis pas sur la même rive que la personne que j'aime. Comme les nuits sont fades de n'exister sans elle. À quoi bon faire des grands gestes, danser, cuisiner ou bien même me reposer si je n'ai pas pour témoin ses doux yeux.

Chaque minute endormi est alors une éternité de moins à la contempler. À photographier ses cils, ses expressions et sa façon de défier l'infini de sa fragilité.

Oui, si je pouvais me faire amputer de cette maladie compulsive qui me force à la tromper avec Morphée, j'hurlerais simplement, cher lecteur, tendre lectrice :

« Faites de moi ce
somnambule insomniaque
que même les nuits ne
peuvent plus séduire.

Cernez-moi les joues,
le palpitant : que sais-je
encore.

Emprisonnez-moi d'un
éveil éternel. Je ne veux
plus m'assoupir vers un
monde qui ne porte pas
son odeur. »

Depuis ce souvenir que je vais te partager, mon plus grand fantasme est de me faire voler mon sommeil. Que quelqu'un passe violemment dans ma vie et me subtilise mon besoin de dormir, comme on pourrait me dérober un portefeuille ou me délester d'une possession risible de plus.

Un à-côté de moins, et tellement d'heures supplémentaires pour regarder le berceau de la femme que j'aime. Tu sais, je n'ai que faire de fermer les yeux pour autre chose que d'effleurer ses lèvres.

Ce elle, dont je te parle depuis à peine quelques pages, c'est la gardienne du dernier petit caillou que je me suis semé. J'espère intimement que ce petit caillou restera point de départ et ligne d'arrivée pour me retrouver, à tout moment de ma vie rocambolesque.

J'aimerais tellement que ses mains, où le printemps ne meurt jamais, restent le dernier écrin de poésie qui protégera le début de ce petit chemin vers celui que j'étais.

Cher lecteur, tendre lectrice, je ne peux que te conter les aventures qui m'ont fait me perdre, en espérant me retrouver. Mais j'espère ne jamais avoir a te dévoiler cette histoire qui me fait trembler de bonheur. Et ne jamais venir te la réécrire au passé.

Je veux que mon dernier fragment d'humanité reste blotti au creux de ses mains. Qu'elle en prenne soin et qu'elle le sème sur toutes mes blessures. Qu'elle l'arrose soigneusement, comme on arrose un parterre de Myosotis.

Je veux que ce fragment habille le sol de mes angoisses d'une jolie couleur bleue.

Tu savais que les Myosotis sont appelés « Herbe d'amour du printemps » en français, dis ? Et, le plus romantique dans tout ça, c'est que ces fleurs portent le nom « Ne m'oublie pas » en anglais.

Elle, c'est exactement ça.

Et c'est justement parce que j'ai la peur bleue de ne pas être oublié et de laisser un vide immense dans la vie des gens le jour où je devrais partir, que j'aimerais qu'elle soit la seule à faire de moi un bouquet de Myosotis.

Mais en attendant, il faut que je te parle de cette première fois où je me suis dit qu'être avec elle, c'était tutoyer les Dieux. Que nos « je t'aime » se gravaient dans un marbre que l'Olympe tout entier fantasme de s'habiller.

Je sais qu'elle n'aime pas que je conte nos instants au reste du monde, et je sais aussi que je devrais lui demander la permission avant de publier cet éclat. Mais si tu le vois sous tes yeux, cher lecteur, tendre lectrice, c'est que mon Printemps m'aura autorisé à l'immortaliser sur du papier pour le reste des saisons à venir. Celles d'une vie, oui, « mais pas que ».

C'est drôle, car j'ai toujours dit que ma saison préférée était l'Automne.

Aux prémices du dernier, j'ai d'ailleurs écrit quelque part que je n'aimais ni l'Été ni le Printemps car les gens y sont, selon moi, faussement heureux. Et que l'Hiver était trop séduisant pour être adulé.

Alors je finissais sur un : « Du coup, je crois que j'aime l'Automne. Parce que tout le monde le peint en humide, en marron, en tristesse et en nature qui se meurt sans sommation. Mais que moi j'y vois la vie, les lendemains qui se dessinent dans une préparation millimétrée par les fleurs et les comptines qu'elles nous fredonnent en crevant. L'automne a cet arrière-goût de trop grand, de trop froid, de trop sombre, de trop fade. De trop moi. »

Et pourtant, aujourd'hui, j'en remets mon cœur au Printemps. C'est doux, un peu terrifiant, je l'avoue, mais ça me rend heureux.

Ce petit soleil que j'aime tant à un quelque chose que toutes les natures qui s'éveillent ont :

Une forme de naïveté, de candeur immaculée qui rend le tout plus sincère. Un je ne sais quoi qui hurle « C'est moi, et tout m'émerveille » sans qu'il sache que c'est le monde lui-même, qui s'émerveille de le voir se lever, se coucher, vivre et recommencer à chaque représentation qu'il nous offre. Chaque jour est un spectacle qui réchauffe, nous pétale et rend confortable l'idée même de « grandir ».

J'ai toujours cru être un grand paradoxe. Un grand barbu aux allures de bourreau qui n'a de tranchant qu'une de ses molaires à moitié cassée. Mais laisse moi te dire que je n'ai découvert la définition du mot paradoxe qu'en rencontrant cette jolie femme-saison.

Comment une si petite chose peut-elle prendre autant de place ?

Dans le lit, évidemment -et, je te rassure, je suis de ceux qui dorment sur le bord du matelas, sans trop bouger, parce que je m'y sens toujours trop seul. Je préfère dormir dans un canapé, mais peut-être que tu le sais déjà, ça- : et dans tout le reste, surtout.

Dans chacune de mes miettes de palpitant, que d'autres avaient pourtant ferrées de leurs initiales. Derrière chacune de mes dents lorsque je souris, au creux de mes espoirs et de mes rêves de demain que j'apprends petit à petit à dompter.

Sur le sol de ma chambre, parce que, comme moi, elle voyage avec toujours trop de vêtements. Qu'elle vide mon armoire pour se sentir câliner dans mes t-shirts et pulls qu'elle porte parfois en robe. Et parce qu'elle est presque aussi bordélique que moi.

Mais dans la salle de bain aussi, parce qu'elle y oublie sa brosse à dent. Dans mon bureau parce qu'elle ne finit jamais les cafés, les thés, les chocolats chauds, les verres d'eau que je lui prépare douze fois par jour avec toujours autant d'Amour. Dans ma voiture, car à ma droite, c'est sa place, maintenant.

Et, le plus étrange, cher lecteur, tendre lectrice, c'est qu'elle prend même de la place dans les souvenirs que j'aurais attentivement notés dans ma mémoire bien avant son arrivée.

Elle aura taché mon premier baiser, parce qu'à chaque fois que je l'embrasse : j'ai l'impression de le recommencer.

Elle aura rendu tous mes voyages moroses, parce que toutes nos aventures, et même celles que l'on fait sans bouger du canapé les rendent risibles. Pourquoi avoir pris autant d'avions alors qu'il me suffisait de la rencontrer pour planer ?

Elle m'aura réconcilié avec les cadeaux que je reçois. Même les objets qui restent et me terrorisent souvent, parce que je n'ai pas besoin que quelque chose me rappelle à quel point ce que j'ai pu perdre était beau.

Toute la personne que j'ai construite en 27 années de vie, tous les souvenirs que j'ai récoltés -tantôt avec chagrin, tantôt avec gaieté ; mais toujours avec fierté- sont devenus des échos de son existence. Tout ça, c'était nécessaire pour la rencontrer. Et Dieu sait que j'ai hâte de pouvoir me retrouver pour me présenter.

Au point, cher lecteur, tendre lectrice, que je suis retourné, avec elle, dans un endroit que tu découvriras quelques chapitres plus loin dans ce bouquin. Un autre moment de vie où je me suis dit : « Bordel, je crois que je suis heureux ». Un autre quelque part où, je crois, m'être un peu perdu de vue et de vie.

Et, à ma grande surprise, je ne m'y suis pas retrouvé, mais j'ai découvert autre chose : chasser inlassablement les moments d'avant ne pourra jamais provoquer quoi que ce soit de positif. Le temps passe son existence entière à nous voler nos instants.

On bat des cils une fois et tout est derrière nous.

Puis on a tendance à chérir cet avant avec une telle véhémence. On dessine des monuments dans nos têtes quand on fait référence à des petits bâtiments de vie qu'on a pu habiter.

C'est exactement comme lorsqu'on se rappelle de vieilles histoires avec des amis : tout est plus intense, palpitant. On rigole, on s'esclaffe, on ajoute de la couleur dans des scènes souvent teintées de noir et de blanc.

Alors, en voyageant avec elle pour revisiter ces espaces, j'avais des étoiles dans les yeux. De belles étoiles rondes et grandes qui illuminaient tout le reste. Qui me faisaient battre le cœur d'excitation : « Tu vas voir, j'allais manger ici tous les soirs, la nourriture y est incroyable ! », « Attends de voir cette plage demain, c'était mon endroit préféré pour regarder le jour s'assoupir. »

Puis en quelques jours, les étoiles ont filées.

Elles se sont mises à couler sur mes joues, s'échouant sur les récifs d'une désillusion passagère. Plus rien ne ressemblait à ces peintures colorées que je m'étais refaites d'un avant fantasmé. C'était déroutant, affligeant et sincèrement triste. J'avais l'impression de me trahir autant que je la trahissais.

Puis, grâce à elle, j'ai regardé une seconde fois. Et j'ai compris, avec ce petit bout de Printemps, que j'étais en train de peindre des milliers de nouvelles toiles qui, plus tard, brilleront dans mes yeux.

On en a vu des palmiers, on en a traversé des kilomètres, photographié des dizaines de couchers de soleil de nos yeux trop petits. On en a aussi raté, assez pour que je me sentes coupable de les avoir manqués.

Mais on a aussi su créer l'occasion d'en regarder se lever, s'installant au sommet de notre observatoire sur la pointe des pieds. Parce que, à cette heure-ci, les oiseaux dorment paisibles. Et que les réveiller, c'est leur voler leur occasion de chanter au monde qu'il faut se lever.

J'ai pu lui faire manger des plats qui me faisaient sourire, pendant que, moi, je la dévorais des yeux. On a pu se balader à midi, à minuit. Au bord de l'océan, au pied des immeubles.

Je l'ai portée, en courant dans le sable -et si tu savais à quel point je déteste le sable de se faufiler sur chaque recoin de peau, dans chaque maillage de tissus-.

Elle m'a porté en retour, pas sur ses épaules mais avec les caresses, au bout de ses dix doigts. Me montrant qu'il n'y avait aucune gravité dans mon cœur assez forte pour alourdir l'Amour qu'elle me porte.

J'ai pleuré de la laisser au bord d'un autre avion, rentrant au chevet de ma vie trop pleine. Puis nous avons ri, de voir que ce terminal n'avait rien d'une fin, que ce n'était qu'un « à bientôt, mon Amour, parce qu'on se voit après-demain ».

Et je te vois venir, cher lecteur, tendre lectrice : « Mais alors, Adrien, c'est à quel moment que tu as compris que tu allais y laisser un morceau d'humanité ? ».

Pas du tout à ce voyage, non ! Mais bien avant.

J'avais envie de me faire revoir du paysage avant de me souvenir. Parce que c'est un souvenir qui m'accable de tristesse. Et que je me sens coupable de m'en sentir triste.

Car ce ne sont ni mes larmes, ni mon instant.

Tu sais, quand on fait le choix d'aimer, et d'accepter d'aimer, il y a tellement de petites choses parfois anodines, qui nous font vibrer.

Pour elle, il y a ses paradoxes -et les miens, qu'elle semble adorer-, tu t'en souviens, mais il y a aussi un quelque chose de plus simple.

En Mars, quand les premières fleurs nous font le cadeau d'ouvrir les pétales de leurs enclos : on écarquille les yeux et la vue pour en faire le plein.

Qu'elles sont belles les premières fleurs printanières. Mais on oublie si souvent à quel point elles sont fragiles. Et quand on le voit, quand on souligne ce qui se brise en un éclat : je crois qu'on a tendance à encore plus les chérir. On ne cueille les fleurs que pour les offrir, parce qu'elles sont éphémèrement belles.

Elle, c'est, encore une fois, exactement ça. Moi, je suis suffisamment foutu pour être solide, tu sais.

Quand mon monde s'effondre, je reste impassible, dépourvu de réaction parce que : « Vivre, c'est tacher le monde de sa maladresse et qu'être maladroit, c'est ma plus grande prouesse. »

Alors mon Amour, si tu me lis -évidemment que tu me lis-, je te demande pardon. J'espère que tu ne m'en veux pas.

Je crois qu'une fois tu m'as exclamé à demi-mots que tu m'avais vu changer quand ton monde à toi s'est effondré. Oui, j'ai changé. Mais pas ma façon d'être avec toi, non : uniquement ma façon de te tenir entre les doigts.

Tu étais si belle, que j'en avais des éblouissements dans le regard. Que chaque millimètre carré de mon iris était excité par ton existence. Que j'avais oublié, que toi aussi, le monde pouvait te piétiner.

Et cette fois-là, ce n'était pas juste un froissement. Pas juste un coup de coude que l'on donne dans un lit, en se retournant. Non. Toi tu as pris la falaise directement dans la gueule.

Alors quand j'ai entendu le premier craquement sous mes doigts, j'ai eu le cœur en feu. Pas d'un feu qu'on aime vivre, pas de celui qui nous donne envie de nous baigner, non. Un feu qui m'a donné envie d'embrasser chacune des tes phalanges, de te chérir de sincérité.

Parce que mon rôle à moi, c'est d'absorber les coups pour toi. Et de parfois en donner, quand ils sont justifiés.

Une fois je me suis demandé, quand tu étais avec moi : « Comment est-ce que je peux être aussi heureux par procuration ? », et bien ce soir-là, je l'ai su : parce que je peux aussi être infiniment triste par procuration.

Toi, c'est nous.

Et à cet instant, nous avions le vertige et des nausées.

Ce soir-là, j'ai compris. Si mes tumeurs et mes brisures de cœurs ne me provoquaient rien : c'est parce que je n'ai jamais été fragile. Il n'y a de fragile que les choses précieuses, après tout. Que les choses que l'on peut perdre.

Et j'ai bien cru te perdre, ce soir-là. J'ai bien cru que la vie t'avait arraché à moi, toi, ma jolie fleur printanière et candide.

« *Et puis d'un coup, je n'ai plus su quoi dire.*
Alors j'ai simplement murmuré : Je suis là.
Comme si ça pouvait suffire.

J'aurais voulu arracher tous les bouts de scotch qui tenaient mon cœur pour lui offrir. Et qu'elle répare le sien avec. »

Ton monde s'est effondré alors que j'étais assoupi. Je ne t'en parle pas, mais peut-être que si j'étouffe la nuit aujourd'hui, c'est parce que j'ai peur de ne pas être là pour t'aider à respirer quand tu en as besoin.

Je déteste dormir.
Je déteste dormir.
Je déteste dormir.

Parce que dormir, c'est ne pas être là, avec toi. C'est risquer de ne pas te voir pleurer, de ne pas pouvoir t'aimer quand la nuit te terrifie.

Je voudrais ne plus jamais dormir.

Le plus compliqué dans tout ça c'est que j'ai mis tellement temps à me rendre compte de l'importance de ce moment, brisé par la non-légitimité de m'en sentir attristé.

J'ai bégayé bien longtemps, ne pouvant faire autre chose que de jongler avec deux ou trois mots. Te déposer des petits papiers et de la nourriture dans ton sac, parce que « Il faut prendre soin de toi, et que sans ça tu ne le feras pas ».

Je t'ai offert des fleurs, de celles immortelles pour que tu saches que mon Amour ne se desséchera jamais. Je t'ai écrit des poésies et je t'ai désirée. Beaucoup désirée.

Mais avec le recul, chaque petit clin d'œil que je t'offrais en cadeau formait une déclaration d'Amour en morse. C'était le code secret de ce « tu me rends heureux, je voudrais te le rendre sans avoir peur d'avoir brisé tout le reste ».

C'était les coordonnées de tout ce qu'il restait de grand en moi. De tout ce que les autres m'avaient laissé en se servant dans les tiroirs de mes affaires. Un brin de rêverie, quelques fêlures, deux ou trois sourires fracassés et une peur de s'engager.

Parce que s'engager c'est risquer de se tromper et d'être délaissé, encore une fois, avec encore moins de bizarreries dans ses tiroirs.

Que je m'en suis voulu, d'avoir encore une fois peur de dire oui à des reflets de vie ! En sachant pourtant que la porte que tu m'ouvrais était la bonne. En sachant pertinemment que tout ce qui faisait battre mon cœur d'homme, c'était exactement ça :

« Absorber les coups pour toi. Et de parfois en donner, quand ils sont justifiés. »

Que je m'en veux encore.

Mais il n'y a rien de plus lourd sur le cœur d'un homme que le poids de sa propre culpabilité. J'ai eu la nausée, souvent la nausée. Quand mes choix abrutis dessinaient des bleus sur ton cœur.

Quand mes « juste un petit mensonge » creusaient des énormes fossés entre nos câlins que l'on chérissait tant.

Cher lecteur, tendre lectrice, je sais que l'exercice relève de l'impossible, mais si je peux te dire une chose, c'est de ne pas avoir peur d'offrir tout de toi, quand tu trouvera ta saison. Mais surtout, ô grand surtout : il n'y aucun petit mensonge qui valent la peine d'être marmonnée à la personne qui nous fragilise.

Être sincère, c'est offrir des fleurs qui ne fanent jamais. Et si mes derniers morceaux de cœur se trouvent entre ses mains où le printemps ne meurt jamais : j'ai pour seule mission de cultiver notre jardin secret.

Mon Amour, la vie t'a brisée au détour d'une nuit de février. Cette nuit-là, je me suis rendu compte à quel point tout de toi était fragile et précieux. À quel point je voulais t'aimer et te protéger pour toutes les autres nuits où le soleil ne se lève plus.

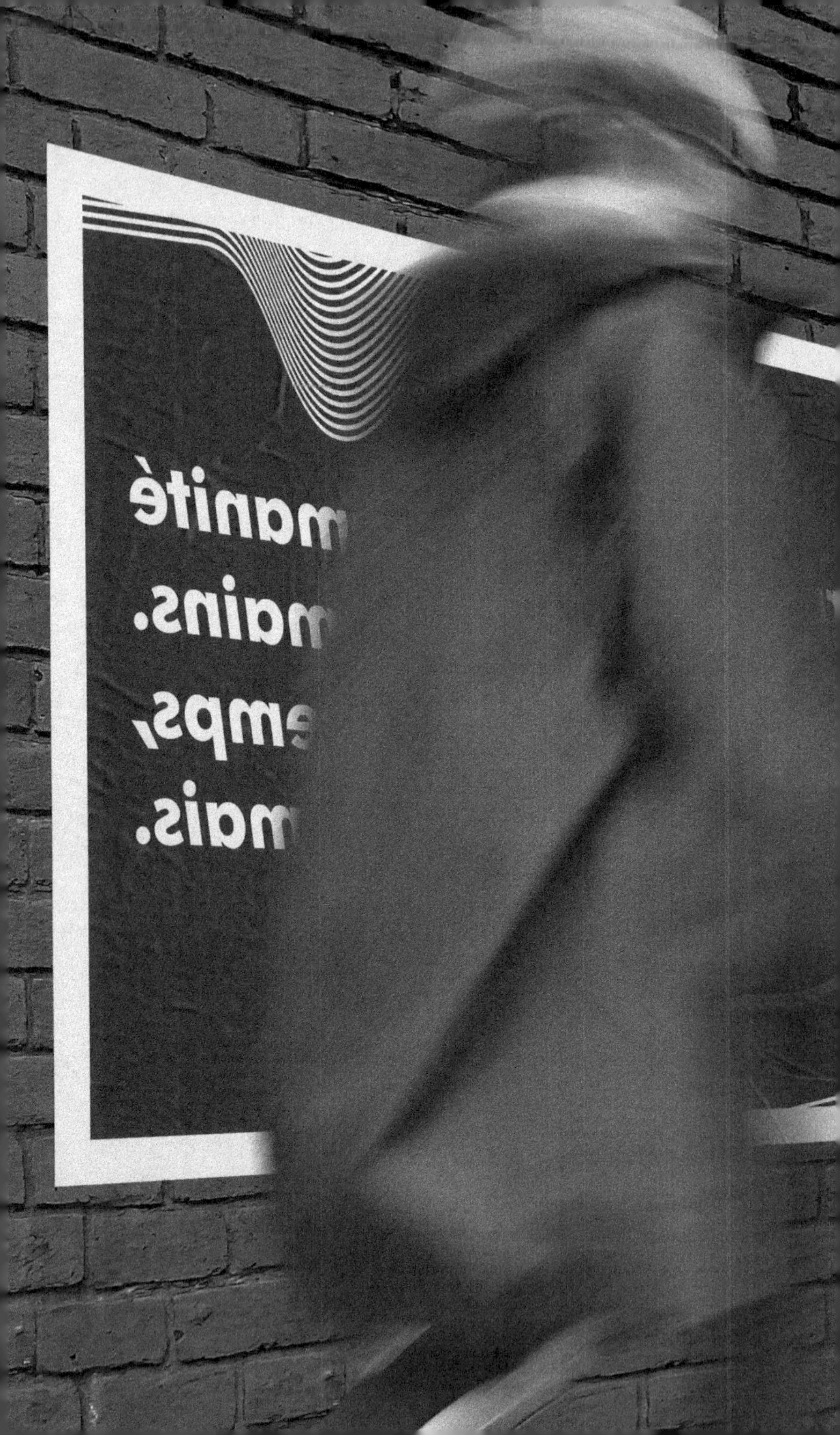
manité
mains.
emps?
mais.

Mon dernier fragment d'humanité
est blotti au creux de ses mains.
Dans l'ombre d'un printemps,
où les fleurs ne fânent jamais.

Je ne sais pas, si, un jour, un Amour t'aura fragmenté. Si c'est le cas, je te laisse te l'écrire ici.

Après les rires

Lorsqu'on a du mal à se sentir chez soi au sein même d'un chez-nous, le monde devient un petit cauchemar ambulant.

Les distances s'allongent, les nuages s'attristent, les montagnes s'aiguisent. Le Nord marche sur la tête, les coups de soleil se givrent, les rires des enfants font un bordel sinistre. La Tour Eiffel elle-même devient un énorme panneau publicitaire où nos yeux perdus peuvent lire :

« Même ici, tu n'y es pas. »

Si dans un endroit où le tout devrait tomber exactement là où il doit être, plus rien ne fait sens. Alors où pouvons-nous nous chercher ?

Là est toute la terreur de ce petit bout de vie que je cherche encore, cher lecteur, tendre lectrice.

C'est dans cette idée maladroitement moi que j'ai eu l'envie de me balader dans des lieux où je fais tache. Quand les mois défilent, que les années passent et que tout semble nous éloigner de qui nous sommes : peut-être que se réfugier là où nous n'aurions jamais mis les pieds est la plus belle des façons de se chercher.

Alors, quand le grand barbu ébouriffé que je suis, après des mois et des mois à se balader par-delà les océans, s'est retrouvé assis dans cette chambre qui a vu l'adolescent que j'étais grandir : j'ai eu un vertige violent.

Une nausée de « qu'est-ce que je fous là ».

Tu sais, il y a bientôt 7 ans, je me suis réveillé aux aurores d'un mois de février avec la folle idée d'arrêter de me détruire.

J'étais dans une période où j'avais, je crois, envie de mourir plus que d'habitude. Mais la peur latente d'en prendre les responsabilités attachées me susurrait à l'idée de ne « pas le faire franchement ». Alors boire, beaucoup et vite, tout en traitant mon estomac comme une pharmacie ambulante était la plus douce des façons de le faire.

C'était secret, personne ne le voyait, ça faisait rire les garçons et ça intriguait les filles. On pouvait lire dans tous mes oublis et dans toutes mes gueules de bois un « à l'aide » à peine dissimulé.

Je t'en parlerai certainement plus tard, car en perdant quelques instants de mémoire à cause des substances, je crois m'avoir perdu de vue un peu plus.

Et dans l'éphémère de ces fragments de nuit, j'ai cru être heureux quelques fois.

Ce qu'il faut retenir de cette ânerie, pour l'instant, cher lecteur, tendre lectrice : c'est qu'un matin je me suis réveillé en me disant « ça y est, c'est fini. Adrien, tu es triste et je crois que tu le resteras pendant de longues années. Alors à quoi bon te rendre minable, à quoi bon finir le crâne ouvert, ivre et endormi dans les caniveaux d'une ville ? Pourquoi chercher à te fuir en perdant l'usage de tout le reste alors que même fonctionnel, tu ne te côtoies plus ?».

J'ai alors mis mes quelques médicaments restant dans un tiroir -que j'ouvre encore de temps en temps, juste pour les regarder et me souvenir-. Et je n'ai plus jamais bu une goutte d'alcool.

Ainsi, depuis 7 ans : je suis sobre. Mais j'arrive à trouver l'ivresse dans d'autres vers, je te rassure.

En refermant cette page de ma vie, j'ai aussi appris à détester les foules et la musique forte.

Les sons et les sur-stimulations m'angoissent et me fatiguent. Si tu me demandes un jour de t'accompagner boire un café dans un endroit bruyant, ne t'attends pas à avoir un Adrien bien bavard à tes côtés. J'ai beaucoup trop de mal à comprendre les mots que l'on me prononce quand ils se mélangent violemment avec les conversations des autres et la musique ambiante.

Je vais regarder les détails des gens. La couleur de leur lacet, les histoires qu'ils se racontent. Je vais regarder la façon qu'aura la barista de mousser le lait et de garder la cadence. Ou bien peut-être que je chercherais à lire sur les lèvres du serveur tandis qu'il sourit avec le couple de quinquagénaires sur la terrasse.

Je chercherais à m'accrocher à des minuscules informations, comme pour tenter de rendre ce qui m'entoure digeste.

Alors maintenir une conversation, y participer et tenter de te faire rire, serait une mission terriblement compliquée pour moi. Et je ne la relève que pour ceux qui arrivent à me faire oublier que le monde m'angoisse.

Alors où est-ce que je pourrais dénoter le plus ? En me posant cette question, j'ai reçu le message de quelqu'un me proposant de le suivre, lui et ses amis, dans une auberge à Ibiza.

C'est parfaitement ça ! Quoi de mieux qu'une île bruyante en été, berceau de débauche, pour m'y chercher ? Quoi de mieux qu'un endroit que des douzaines de nationalités rejoignent, pour voir du pays ?

Ainsi, après à peine 48H de retour « à la maison », je prenais à nouveau un avion en aller simple pour un endroit qui me débectait parce que « pourquoi pas, finalement, je ne peux pas m'y sentir moins à l'aise que dans une pièce où les souvenirs font bien trop de bruit. »

Dans un écrin de papier différent de celui que tu tiens, j'ai définis la « fadeur » comme un état simple qui nécessite des exhausteurs pour se sentir vivre.

Dans le terminal de cet aéroport morose, je n'avais qu'une hâte : m'entourer d'exhausteurs.

Je pensais à la plage et la sensation du sable sous mes pieds, que je déteste tant. Je pensais à l'idée de me retrouver en maillot de bain alors que j'ai pour atrocité et mon corps et le soleil sur ma peau.

Je pensais aux chaleurs aoûtiennes au milieu de la Méditerranée et à l'idée de partager ma chambre avec des inconnus, alors que mon intimité est un temple que je cherche à rendre inviolable.

Je pensais aux boîtes de nuit, à l'opulence du paraître et à la débauche qui m'attendait sans même la consommer.

Et d'un coup tout s'est effacé pour ne plus penser qu'à une chose : « J'ai hâte de m'y sentir bien ».

J'ai pris l'avion. Je me souviens avoir une ligne de sièges pour moi seul, je me souviens y dormir un petit peu, parce qu'être si haut dans le ciel, c'était être loin de tous mes vertiges de vie.

On a récupéré une voiture de location parce que « C'est bien de t'avoir Adrien, tu seras notre conducteur sobre pour ces 4 jours ».

Nous sommes arrivés à l'auberge, j'ai découvert le dortoir dans lequel j'allais tenter de me reposer quelques nuits.

Je me souviens des saisonniers qui travaillaient dans cette auberge, de leur rire un peu fatigué, de toutes ces personnes qui me faisaient voyager sans même me déplacer.

[...]

Je tairais bon nombre d'aventures pour cette fois, il y en a qui mériteraient un livre entier. Mais je me souviens d'un instant charnière.

C'est le jour du départ, nous avions fait nos bagages, la voiture nous attendait devant l'auberge, conduite par un des membres de ce groupe d'étrangers avec qui j'avais passé de longues heures, sur qui j'avais veillé pendant quelques ivresses.

En chargeant les valises de ces quelques connaissances d'aventure, j'ai eu un sentiment étrange : je n'allais pas les suivre à l'aéroport. Là, maintenant, alors que je ne m'étais jamais senti aussi inconfortable que sur cette île méditerranéenne : je venais de décider d'y rester.

Combien de temps ? Je n'en savais rien, mais il le fallait.

Avec le recul, je crois que j'avais déjà pris cette décision avant même de partir. Quel abruti sur Terre part pour une « durée déterminée » sans prendre son billet de retour ? Si ce n'est un homme indécis, prêt à tout pour « ne pas s'engager ».

Je suis resté plusieurs semaines, attendant maladroitement un petit éclair de « je me sens bien ».

Et un soir, il est arrivé. Alors que je l'avais déjà observé de loin pendant plusieurs jours.

Sur deux talons, avec un accent brésilien et une façon déconcertante de vider la moitié de sa canette de coca pour la reremplir d'un nectar alcoolisé. Je ne saurais ni définir ni expliquer ce qui m'a poussé à lui parler, tu sais.

D'habitude, les gens ouvrent la discussion avec moi, l'inconnu à la gueule fatiguée et au regard dans le vide. Mais peut-être que cette fois, toutes les haleines alcoolisées me sont finalement montées au crâne.

J'ai souri, j'ai souligné son pragmatisme et sa façon intelligente de ne pas « salir un verre de plus pour s'abreuver ».

Elle m'a regardé, amusée par l'expresso et le verre d'eau que je sirotais, à 22h10, sur l'île de tous les péchés.

Je ne pourrais pas te raconter notre discussion, tu sais, cher lecteur, tendre lectrice. Je n'en ai de souvenirs que les détails les plus idiots. Tu sais, ce que je te disais sur le besoin de fragmenter le monde qui m'entoure pour mieux l'appréhender ?

C'est exactement ça. De ces 3h à discuter, à rire, à, je crois, une fois pleurer, je n'ai retenu que des bribes de futilités. La courbure de son nez, et les plissures de ses yeux à chaque fois qu'elle rigolait. La couleur posée sur le bout de ses ongles, et la tournure britanisée de certaines de ses phrases.

Mais surtout la première qu'elle m'a adressée, après avoir moqué mon café : « Je ne savais pas quand tu allais te décider à venir me parler, après une semaine à te regarder. Je pars après-demain matin. »

Je ne sais pas si c'est la caféine qui m'aura fait palpiter le cœur, mais tout de cette délicieuse inconnue me semblait être une énigme. Et bon sang, que j'aime les résoudre, les décortiquer. Elle habitait aujourd'hui au Portugal, avait laissé le Brésil pour apprendre l'anglais à Londres.

En clôturant cette discussion sans queue ni tête dans ma chambre, elle me proposera d'aller sur une île voisine le lendemain. Puis de prendre, au retour, le même uber qu'elle et ses amies pour aller à la dernière d'un DJ qui m'était, comme tous les autres DJ d'ailleurs, inconnu.

Elle m'a fait rire à prendre sa valise avec elle, parce qu'elle avait son avion à 6h30 du matin. « Tu verras, il y a des consignes pour les gens comme moi. Je pourrais y mettre mes affaires et on les reprendra en sortant de boîte. »

Effectivement, il y avait des consignes pour les gens comme elle.

Et alors, pendant 5h, tous les sons, tout le sombre de cette piste de danse hispanique et toutes les sur-stimulations qui rendent normalement mes sens sourds n'auront pas pu rendre muet sa façon de se déhancher et de happer mon attention.

Mais toutes les fêtes s'essoufflent. Toutes les soirées meurent quand le ciel s'éveille, que l'alcool s'évapore et que les drogues s'effacent.

Et ce soir-là, aux allures de matin, alors que les joues de ma belle brésilienne commençaient à luire sous la lumière du terminal, je n'avais qu'une envie : vider une moitié de canette de coca pour la remplir de son rire et pouvoir le siroter un autre été.

Mais rien, lecteur, lectrice. Le seul souvenir que j'ai de ce rire s'est échoué avec ce morceau de moi que j'ai laissé sur ses lèvres.

Ce soir là,
j'aurais voulu
mettre son rire
dans une canette.

T'es-tu un jour senti si décalé avec ce qui t'entoure que tu t'y es senti chez toi, à l'abri de ton monde ?

Balcon californien

Dans tous mes recoins de paradoxe, il y en a un qui surgit bien trop souvent pour ne pas le souligner : Je suis un casanier. Un amoureux des routines et des endroits où l'on ne découvre jamais vraiment rien.

Dans mon quotidien rêvé, je crois qu'il y a les mêmes repas chaque matin, chaque midi, chaque soir. Les mêmes heures de coucher, les mêmes heures de lever.

Ma garde-robe se parerait d'un copier-coller de tenue, parce qu'à quoi bon perdre du temps à chercher autre chose, si un t-shirt nous va si bien ? Certains me diraient que « la vie est bien trop courte et les choix sont bien trop grands pour se permettre de ne pas essayer tous les vêtements du monde. » Mais moi, ils sont rares les moments où je me sens à l'aise dans mes chaussures, puisque j'ai toujours l'impression de porter celles d'un autre. Alors j'aime acheter les choses qui me « malaisent moins » en double. Alors quand un tshirt que j'adore arrive en fin de vie, j'ai du mal à en faire le deuil. C'est d'un ridicule que je n'oserais jamais l'avouer de vive voix, cher lecteur, tendre lectrice.

Je ne sais pas si tu as déjà ressenti ça.

Comment est-ce qu'un bout de tissu peut nous alourdir le cœur ?

Il faudrait que je te présente la musique que j'écoute, tiens ! Je tourne en rond sur mes non-découvertes musicales. Quand un artiste gagne mon palpitant, il m'accompagne partout et pendant longtemps. Madame Printemps se moque souvent de moi pour ça, d'ailleurs. Je hais le silence quand je suis seul. Je hais le silence car il a cette tendance à rendre ma petite voix incessante fertile. La nature à horreur du vide, et les blancs accompagnent souvent les idées noires.

Du coup, j'ai toujours de la musique auprès de mes tympans : et à chaque fois, ce sont les mêmes morceaux que je fredonne.

Les « Tu veux écouter quoi ? » n'existent pas, avec moi. Puisque qu'en un après-midi on fait le tour de mes playlists.

Tu sais le plus drôle ?

C'est que j'ai une mémoire des paroles qui frôle la catastrophe. Je peux te citer une vingtaine de titres que j'ai écouté bien plus de cinq cents fois ces deux dernières années, et je continue pourtant de trébucher sur les mots de leurs couplets. Même les refrains me détestent de les maltraiter. Ce n'est pas une maladresse, je crois que j'écoute la musique avec autre chose que ma tête.

C'est ça : j'aime la routine comme les aveugles aiment leur canne. Inséparable, toujours au bout des doigts, mais jamais ils n'en verront la couleur. Et, au fond, peu importe si elle leur permet de continuer de se déplacer sans se briser le nez.

Alors quand on sait tout ça de moi, et ce n'est absolument pas un secret : on me demande souvent « Pourquoi as-tu autant voyagé ? »

À cette question, je n'ai pas vraiment de réponse. Les routines peuvent rentrer dans les valises, je crois.

Mais je n'ai jamais vraiment eu le goût du voyage, du déplacement, des allers sans retours. Encore aujourd'hui, alors que je me vois être fragmenté un peu partout sur ce globe idiot que l'on appelle « berceau », j'ai horreur de partir de chez moi. A quoi bon aller ailleurs alors que je n'y suis pas ?

Les aventureux qui rêvent de découvrir chaque paysage que le monde offre m'impressionnent autant qu'ils me donnent le vertige. Il n'y a rien de plus doux que sa petite tanière d'habitudes, tu ne penses pas ? Si je dois découvrir le monde, c'est pour l'offrir en cadeau aux yeux d'une autre.

Pourtant, j'ai vécu à bon nombre d'endroit.

Un en particulier aura animé mes humeurs. Et si nous y retournions, cher lecteur, tendre lectrice ? Juste le temps de quelques pages, juste pour y jeter un œil. Juste pour voir si on m'y aperçoit ?

Nous sommes en 2018, loin de ce qu'on aura appelé pandémie, le cœur battant et libre.

Dehors, le temps est doux, il est suffisamment tôt pour que le soleil pousse les oiseaux à répéter deux ou trois opéras. Je ne dors pas. Parce que j'ai l'impression d'avoir un concert dans la poitrine, oui, mais aussi parce que je ne me suis jamais vraiment habitué au décalage horaire.

Parce qu'il est Paris moins neuf, en Californie.

C'est drôle comme les kilomètres ne veulent plus dire grand chose face aux fuseaux. C'est vrai ça, quand une personne que l'on aime se trouve à l'autre bout du pays, on nous demande « à quelle distance se trouve-t-elle ? ». Tandis que lorsqu'elle est à l'autre bout du monde, la question se transforme en « et quelle heure est-il chez elle ? ».

Quand tout devient grand, quand les distances s'élongent et s'immensent :

la seule chose qui nous fait fonctionner c'est le temps.

Alors oui, peut-être que le rêve américain à tes yeux, et au son de tes oreilles, rime avec ostentatoire, risible et pétrole. Peut-être que ce continent où le dollar et le superficiel ont plus de chaleur que les lettres te donnent des nausées et effacent tes sourires. Je peux le concevoir sans aucune difficulté !

Les goûts, les couleurs, cher lecteur, tendre lectrice.

Ce vertige inévitable que l'on ressent face à l'immensité d'un pays qui ne connaît que peu de limites. Certains en ont des nausées et migraines, d'autres se palpitent et s'émerveillent. Comme un saut en parachute.

Pour moi, ça a toujours été la seconde option. Je ne sais pas vraiment pourquoi.

Peut-être que l'idée de devenir un parmi trois cents millions d'étrangers est plus séduisante pour ma tête que celle de tourner en rond sur l'hexagone.
J'avais pu apercevoir l'étendue du monde Outre-Atlantique, à l'époque où j'étais moins à l'aise avec ma tristesse. Alors j'avais envie d'y retourner pour en découvrir de nouveaux recoins, maintenant que ma tempête était coutume.

Je ne pense pas être un grand chanceux, mais je pense pouvoir affirmer avoir eu l'audace de croire en la sérendipité bon nombre de fois. Et notamment quand j'étais là bas.

Tous les détails de ma péripétie californienne prendraient bien trop de place pour les quelques pages que j'aimerais lui en accorder dans l'ouvrage que tu tiens, cher lecteur, tendre lectrice. Mais de tous ces instants, je me souviens d'un matin en particulier.

En quelques mois, je me suis retrouvé à posséder tout ce qu'un expatrié pourrait rêver : une paire de jolies voitures, des habitudes et un chez-moi.

Un bel appartement au cœur d'une ville où tout est calme, où les gens ne font pas de vagues. Une grande cuisine, des meubles solides, deux belles chambres avec dressing : et pourtant, j'adorais dormir sur le petit canapé que j'avais mis sur mon balcon.

Comme si l'immensité de cet endroit me rendait mélancolique. Même en mettant quelques vinyles, je n'arrivais pas à faire rebondir assez de bruit pour briser le silence des murs blancs.

Dehors, sur le balcon, j'avais créé un petit cocon où pouvait s'effacer le sombre. Deux guirlandes, une vue sur une pelouse millimétrée, un plaid confortable et l'étroitesse nécessaire pour m'y retrouver.

La nuit y était plus fraîche et mes idées plus douces. Un ami me faisait souvent la remarque que j'étais « bizarre, même pour un français ».

Mon endroit de sommeil était peut-être sordide, mais j'étais là, sur mon petit balcon, ce matin-là. À penser au réconfort de la journée à venir.

J'avais retrouvé ma routine, mes habitudes.

Le même rituel chaque matin : le même serveur, « un café pour commencer », des fruits, une omelette avec des champignons, du jambon et « un tout petit peu de fromage, pour l'audace ».

Les mêmes couchers de soleil chaque soir devant le même terrain de golf, sur la magistrale « colline des pélicans », une autre dose de caféine parce que le matin je me réveille trop tôt, et une « mini boule de glace, toujours pour l'audace ».

Tout me semblait simple et léger.

Si fort que je me suis mis à pleurer autant de larmes que de rosée. D'un coup, je n'avais qu'une seule et unique envie insatiable, comme un hurlement de cœur : je voulais placarder sur tous les murs de la ville aux anges des affiches pour demander de l'aide.

Je pense que tu l'as compris : l'inconnu, pour les gens comme moi est terrifiant, cher lecteur, tendre lectrice.

Alors quand on croque dans une part de bonheur pour la première fois, il a un goût de sucre et de panique.

Et il nous pousse à pleurer aux aurores, à l'abri d'un balcon que l'on a transformé en cocon.

Tout semble trembler, lorsque les choses se calment. Là, à l'aube de la matinée, mes guirlandes prenaient des éclats de soleil. Éblouissantes comme une éclipse en journée. La pelouse dansait sur l'inexistence du vent, et le petit jour devenait immense dans les reflets de rosée.

Ce plaid confortable me happait au point de ne plus en voir le bout. De la même façon que la couette gigantesque du lit de nos parents semblait nous avaler le Dimanche matin, alors qu'on s'y cachait, trahi par nos rires d'enfant.

L'étroitesse de ce balcon avait un goût de trop grand et en même temps : j'en débordais. J'allais bien. Et aller bien, est un jeu dont je ne connais pas les règles.

« C'est donc ça, le bonheur. Pourquoi est-ce que je pleure ? Peut-être qu'il a raison, je suis bizarre, même pour un français. »

Mon balcon me manque parfois, cher lecteur, tendre lectrice.

Mais bien souvent je me dis que tout ce qu'il me faut c'est un canapé, un plaid bien épais et deux guirlandes pour le retrouver.

Te souviens-tu d'un endroit qui t'a fait te dire : « Bordel, c'est donc ça de frôler le bonheur ? »

J'ai l'impression
d'aller bien.
AIDEZ-MOI !!!
VAGUE À L'ÂME

J'ai l'impr
d'aller bie
AID
VAGUE À L'ÂME

J'ai l'impression
d'aller bien.
AIDEZ-MOI!!!
VAGUE À L'ÂME

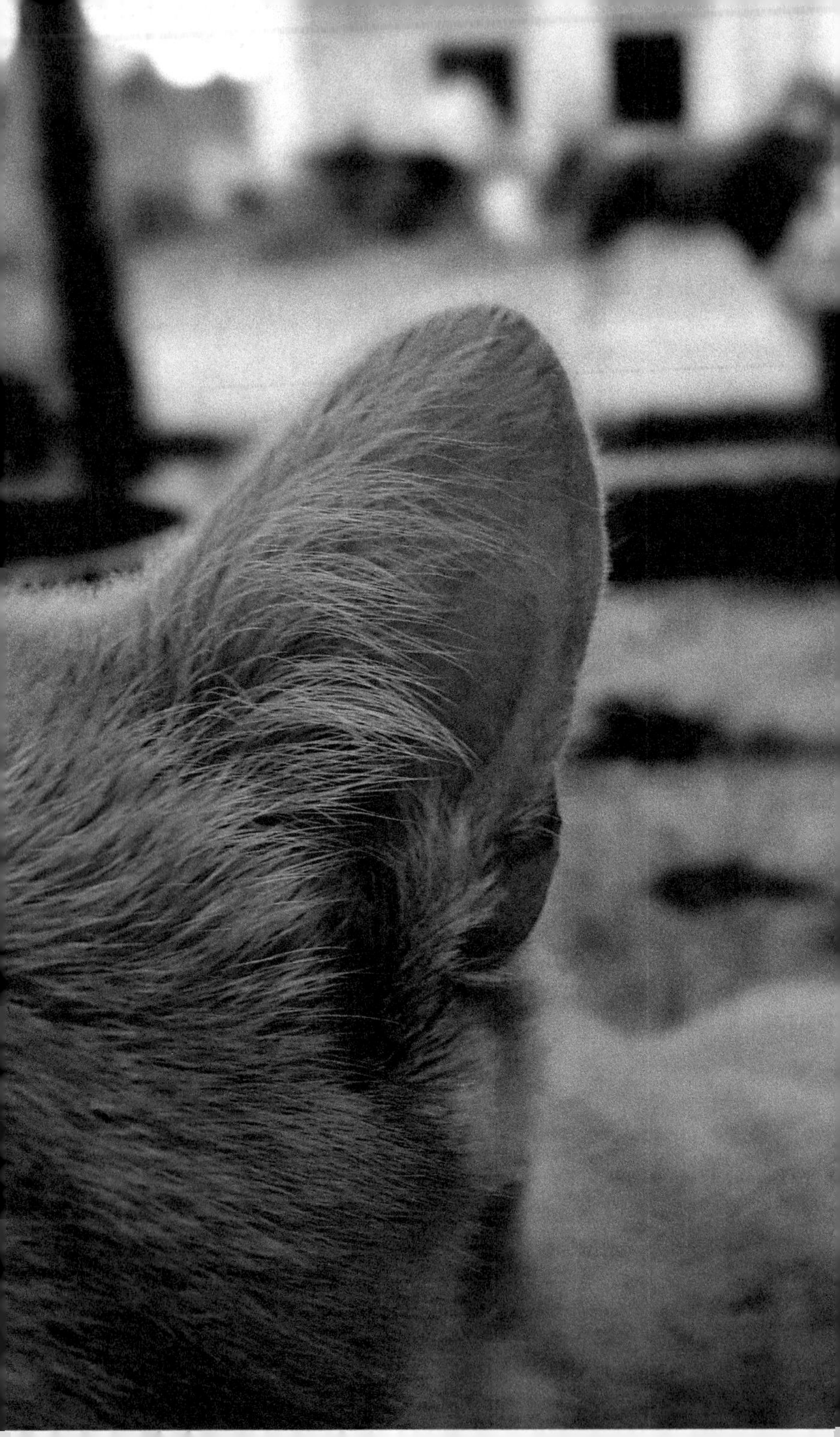

Solitude irlandaise

Avant d'aller Outre-Atlantique, j'ai appris à cacher quelques tours de passe-passe dans ma Manche. J'ai même tenté de me mettre au vert, de l'autre côté de cette dernière.

Je n'arrêtais pas de dire à tout le monde que j'étais un peu triste et maladroit. Alors quoi de mieux qu'un pays où l'on roule à gauche pour m'y retrouver, cher lecteur, tendre lectrice ?

Quoi de mieux que le pays où la chance se porte en drapeau pour tenter de briser les mauvais sorts qui semblent nous incomber ?

On m'avait dit que les rues de Dublin était pleine d'art et de créativité. Que les gens y étaient accueillants et que derrière leur accent prononcé se trouvait des cœurs rieurs et prêts à palpiter.

Que la seule langue qui comptait était celle du bon temps que l'on passe, autour d'une liqueur de bonheur et d'histoires que même nos grands-parents avaient appris l'existence dans la bouche de leurs grands-parents.

Alors fort de tous ces arguments, cher lecteur, tendre lectrice, c'est sous le signe du trèfle à quatre feuilles que j'ai décidé de prendre l'air.

Je ne sais plus vraiment ce que je fuyais, ni la raison de mes étouffements à cette époque. Tout ce dont je me souviens c'est d'avoir eu l'occasion de prendre un avion vers cette charmante destination et que je m'étais dit : « Peut-être que je me reconnaîtrais dans un conte que l'on fredonne là-bas. Peut-être que je trouverais du sens à tout cela, un chaudron plein d'or ou, au moins, un arc-en-ciel à contempler. ».

Et effectivement, j'ai rapidement eu la surprise de me retrouver dans un pays aussi grand qu'un petit morceau de falaise où tout est pourtant verdoyant et où la météo elle-même semble se laisser aller.

Oui, les rues étaient pleines de créativité. Oui, l'hospitalité y était pratiquée comme un art. Les gens riaient aux blagues, avaient des expressions marquées et des visages bien moins crispés.

Ils posaient des questions au-delà des « Comment ça va ? » et osaient demander des détails sur nos rêves, nos envies, nos origines.

Mais très rapidement, j'ai trouvé le monde creux. Même là-bas, chaque jour sonnait vide.

Je me souviens, après un après-midi à suivre les recommandations d'une charmante dublinoise (dont il me serait impossible de prononcer ou écrire le prénom tant les leurs ressemblent à des rébus), me retrouver à visiter l'usine d'un breuvage noir et enivrant dont les irlandais ont le secret.

Une étape de cette visite nous emmène à nous tenir, droit comme des aiguilles, devant une multitude d'horloges aussi grandes que deux hommes. Sur le fond de leurs cadrans, on peut y lire : « Les tics sont toujours suivis par des tacs ».

À la vue de cette phrase, je me rappelle souffler du nez en me disant qu'un jour je vivrais mon dernier tac en me demandant l'odeur, la forme et le goût qu'il aurait.

Est-ce que j'arriverais à l'entendre, d'ailleurs ? Chanceux comme je suis, j'aurais peut-être perdu l'ouïe de vieillesse avant même de pouvoir le rencontrer !

Me prendra-t-il par surprise ? En sortant de cette usine, peut-être que
je glisserais dans une flaque d'eau, me fracassant la tête dans un bruit
aussi sourd que le monde.

Ou bien peut-être que je partirais sur un tic. Et que celui-ci aura le
goût du vide. Qu'il me laissera sur le bout de la langue les mêmes
picotements qu'un café encore fumant. Qu'il aurait des arômes de
pétrichor : tu sais cette odeur qu'émane l'herbe mouillée, en plein été.

Oui,
c'est exactement ça :
moi je partirais
juste après un tic !

Je trouverais mon moment de révérence ultime dans cet espace
infime où l'on retient son souffle. Dans cet instant que le tac brise.

Je ne sais pas pourquoi, cher lecteur, tendre lectrice : mais c'est en
mijotant cette pensée, à ce moment exact, que j'ai décidé de visiter
d'autres endroits que la ville. Comme appelé par le besoin d'entendre
le bruit que fait le temps, loin des horloges des endroits peuplés et où,
justement, la pluie a une odeur.

Je me rends bien compte que tout ceci est extrêmement décousu.
Mais cette aventure était exactement pareil pour moi : décousue. Une
pelote de laine sans dessus, ni dessous. Où, même avec minutie, on
y perd le fil au point de ne plus savoir par où on a commencé et
comment on se retrouve avec les doigts tout ennoués.

Et pour le coup, sans trop savoir comment, et au lendemain d'une soirée aussi courte que surprenante, j'ai fini par me retrouver dans un bus. En écoutant la même musique que j'écoute en ce moment, en t'écrivant, cher lecteur, tendre lectrice (je t'ai dit, mes habitudes ont la vie simple : elles restent là, sans bouger). Prêt à rouler plusieurs heures pour loger dans un lit une place aux abords d'une ferme irlandaise.

Cet endroit, c'était la maison d'un homme bien trop rustre pour son âge. Il y vivait avec sa femme, au voisinage de celle de son père. Il vivait de la terre et des bêtes.

Moi, amoureux du confort et des hautes sphères, je me retrouvais là, en incapacité de passer un coup de fil tant j'étais perdu, et à n'avoir pour seul passe-temps que celui de regarder le chat de la propriété se balader en esquivant la rosée. Toujours suivi de près et épié, presque protégé, par un grand molosse.

Je suis sûr que tu le sais à ce stade, cher lecteur, tendre lectrice : parfois le monde sonne creux. Et quand c'est le cas, même le plus chanceux des pays nous couvre de malheurs.

48 heures après mon arrivée, mon hôte perdait son père.

Sans introduction, sans clin d'œil avant de partir. De la façon la plus humaine de mourir tant elle souligne notre fragile. On oublie de répondre à un message ou de nettoyer la tasse de thé que l'on a bu devant la télé. On file au lit en embrassant sa femme, on ferme les yeux : et tac. C'est fini.

C'est la dernière fois que j'ai bu du whisky dans le but de chercher l'ivresse. Savais-tu que dans la tradition, les hommes irlandais se retrouvaient pour creuser directement la tombe des défunts en buvant une liqueur tourbée ?

Qu'il est bizarre de chercher à s'isoler de ses tristesses souvent risibles, quand l'on se retrouve au centre d'un drame terriblement lourd mais qui ne nous touche pas vraiment.

Quelques jours auparavant, je pensais à mon dernier tic. Et là, je venais de vivre celui de quelqu'un. Si proche et si loin à la fois.

Mais assez pour en entendre l'écho résonner. Assez pour être témoin des perles salées que ses proches essuyaient dans leur manche. Assez pour en avoir quelques nausées.

Celle de la culpabilité accablante que la mort des autres rappelle. Celle de se dire que finalement, tout va bien.

Que si les idées noires nous terrorisent, c'est qu'il nous est encore capable de respirer.

Je me souviens de tous les matins qui ont suivi le départ de ce monsieur, que je n'aurais connu que sur quelques photos et par les traits qu'il a offerts à son fils.

Le même chat, la même balade en écrasant la rosée.
Le même chien, à peine plus loin.
Et pourtant, tout était différent.
L'oxygène avait l'odeur de l'angoisse, les oiseaux ne fredonnaient plus les mêmes airs.

Je m'y sentais vide.

Comment un si joli tableau peut-il, sans changer, devenir morose ?

Cher lecteur, tendre lectrice : imagine le plus bel endroit au monde, celui où tu te sens si bien que tu ne penses plus à rien. Que ce soit un petit coin douillet où tu peux écouter ta musique préférée, ou bien une falaise où le soleil se couche au dessus de l'immensité aquatique. Imagine, que d'un coup, alors que tout reste exactement pareil : tout change pour devenir lourd, triste et rempli de pensées que l'on aurait préférées éviter.

On ne se réveille pas un matin en découvrant que le chocolat a maintenant un goût âpre : non ! Pourtant c'est ce que provoque les adieux, ils nous forcent à nous questionner simplement :

Comment la trotteuse peut elle continuer d'être un métronome pour les vivants ?

C'est vrai ça, bordel !

Les adieux rendent les choses vides. Les photos qui nous faisaient sourire nous agrippent le cœur et l'étripent. Les odeurs rassurantes nous démangent et font couler les larmes.

Le temps à une façon à la fois amusante et affreusement cynique de nous rappeler qu'il était là avant nous et qu'il le sera bien après. Au point même de nous remettre à notre place.

Ce que j'aime dans cette idée, c'est qu'elle peut à la fois me faire ressentir une solitude absolue, et à la fois me forcer à me dire que nous sommes sincèrement tous dans le même bateau.

Cette fois-là, au cœur de l'Irlande, cette idée aura souligné l'arrogance de mon esprit. À quel point il se veut ingrat, à quel point il ne se rassasie jamais vraiment de ce qu'on peut lui offrir.

Je crois simplement que le temps ne suffit jamais pour les gens qui cherchent à se réparer.

Et c'est à toi, encore
une fois, de t'écrire
et de te souvenir : la
solitude, on s'y perd
parfois.

Puis un soir,
la couleur rouille des
briques nous atteint le cœur.

Et plus rien de mécanique
n'en sortira.

Boiter & manger

48

Cher lecteur, tendre lectrice,

J'adorerais que ce chapitre te fasse rire aux éclats, mais il n'a de drôle que son côté risible.

Si tes lèvres se courbent, je les imagine de peine.

Pour cela, je te prie de bien vouloir accepter mes excuses les plus sincères.

Je suis né avec une petite tumeur osseuse, au berceau d'un os que tu connais sûrement puisqu'il a la médaille de « celui qui est le plus grand ». Il s'appelle fémur et sa mésaventure m'a ouvert les portes d'un endroit qui s'habille de blanc. Un endroit qui a toujours eu un nom drôle à mes oreilles.

« Hôpital ».

C'est marrant ce mot, « Hô » - « Pi » - « Tal ».

Je ne sais pas si tous les mots ont cette capacité à devenir amusants à force de les prononcer. Mais je l'ai tellement entendu dans ma petite vie, qu'à mes oreilles, il semble porter un gros nez rouge et des vêtements de clown.

En trois syllabes, on visite la surprise, nos lèvres se percutent puis la langue caresse les grandes dents de devant. En sept lettres, on ne découvre aucun doublon. C'est quatre consonnes, trois voyelles, et un chapeau d'indécis. Un chapeau qui ne se veut ni grave, ni vraiment aigu mais qui met son début à l'abri.

On peut le dire en riant, on peut le pleurer, on peut le hurler et le rendre inquiétant. Il toussote, il s'essouffle avant de mourir mais il cri aussi en apprenant le mot « vie ». En fait, l'hôpital porte bien sa couleur de blanc, parce que son nom lui-même, il peut se peindre avec les nuances qu'on veut lui donner. Espoir, fin, famille, solitude. C'est une toile vide où l'on dessine ce que l'on veut dessiner.

Étymologiquement parlant, il vient des mêmes mots qui ont créées le terme « hôtel ». L'hôpital, c'est un hôtel qui ne se monétise pas -en tout cas, là où j'ai grandi-. On y est nourri, logé, blanchi, mais la façon de le payer est d'une monnaie inestimable.

Une monnaie que j'ai due dépenser avant même d'avoir mon premier portefeuille, je crois. Celle de la santé et des rides sur le visage des gens qui, à l'époque, m'aimaient déjà.

Oui, il est marrant ce mot, «Hô» - «Pi» - «Tal».

Parce qu'il est beaucoup trop petit pour les grands drames qu'il abrite. Parce qu'il est trop silencieux pour les brouhahas des enfants qui y naissent.

« Elle est en route pour l'hôpital » peut cacher un « On ne va pas la revoir » ou un « Tu vas être grand-mère » selon la sonorité qui l'habille.

C'est un mot qui me fait rire, après tout ce temps.

Mais la sentence reste la même : à l'âge des contes de fée, des dragons qui se battent et s'emballent, j'ai dû découvrir le concept de « après tout ça ». J'ai du entendre les dangers de vivre, et accepter que c'est parfois partir.

Mais je te rassure, cher lecteur, tendre lectrice !

Chaque voyage entre ma chambre et les moments de soin ou de radio, se transformaient en quête majestueuse.

Je riais avec mon chauffeur du jour comme un prince pouvait rire avec son cocher. J'imaginais des aventures et comparais les néons du plafond avec les éclats de soleil que l'on croise en regardant le ciel, en pleine forêt. Je souriais en entendant la farandole de « bonjour » des infirmières de l'accueil. J'imaginais que le regard grave du médecin était celui d'un Roi qui apprenait une nouvelle menace à vaincre.

J'étais le personnage principal de tous ces événements, les pièces ne pouvaient pas se jouer sans ma présence. Le combat se réservait la nuit et chaque repas était un banquet qui me rendait fier d'avoir lutté.

Et les jours où l'on me servait de la quiche, lecteur, lectrice ! Ils étaient jours de fête !

Elle était si bonne, la quiche de l'hôpital. Je ne crois pas avoir retrouvé son goût quelque part.

Il y a peu de temps, une personne que j'aime m'a posé une question simple : « Quel est ton premier souvenir ? »

C'est si candide mais si complexe.

Toi, lecteur, lectrice, tu t'en souviens ? Et est-il vif et coloré ? Ou est-ce un faux souvenir, de ceux que l'on a ressassé trop de fois pour être sûr qu'ils existent bien ?

Alors après y avoir réfléchi : je ne sais pas si c'est le premier, mais c'est celui que je garde, qui me semble plus clair que certaines mémoires de mon adolescence.

Mon grand frère joue, il est dans la baignoire.

J'avais pour mission de me brosser les dents avant d'aller me coucher. Moi, je ne voulais pas : j'avais 5 ans et la nuit ne me plaisait pas. Alors je m'étais assis sur le petit marchepied que l'on utilisait pour atteindre le lavabo et je regardais mon frère jouer et m'éclabousser.

Je me souviens brièvement entendre ma mère au loin : « Au dodo, j'espère que vos dents sont brossées ! » ou quelque chose comme ça. Je me suis alors relevé rapidement, et j'ai glissé.

Plusieurs semaines auparavant, le médecin de famille, venait à la maison pour essayer de comprendre pourquoi je boitais et pourquoi j'avais mal à ma jambe gauche.

On me faisait faire des allers-retours dans le long couloir de la maison. Le médecin me demandait si j'avais plutôt mal au genou ou à la hanche, moi je ne faisais que répéter : « J'ai mal de là, à là. ».

Mon père, comme tout adulte censé, faisant confiance au médecin m'expliquait que je ne pouvais pas avoir mal aux deux endroits. J'ai fini en pleurs, à répéter une énième fois : « J'ai mal de là, à là. »

« On fera une radio, mais c'est sûrement sa croissance, il est grand pour son âge ». On y découvrira une tumeur.

En glissant, dans cette salle de bain : je suis mal tombé.

Je ne me souviens, de cet instant, que du bruit et d'un flash blanc, puissant, au niveau de mes yeux. Un craquement sourd, violent, qui résonnait dans tout mon corps.

Je ne crois pas avoir pleuré en sentant la douleur monter jusque dans mes tempes, mais tout ceci est assez flou.

Papa, maman, si vous lisez ce petit passage, merci. Parce que la panique et vos éclats m'auront permis de ne pas retenir une once de la douleur que j'ai vécue. Je ne me souviens que de mon père qui disait à ma mère : « Mais non, sa jambe va bien ! » et elle qui lui hurlait d'appeler les pompiers.

Puis tout s'est emballé, des larmes, des câlins de mes parents, la civière, le camion rouge, et les premières fois où je verrais le plafond se balader sans que je ne bouge de cette position allongée.

C'est, je crois, le premier souvenir que j'ai.

Et depuis, d'ailleurs, j'ai du mal à me brosser les dents le soir.

Le problème avec tout ça. C'est que lorsque l'on perd la possibilité de courir après la liberté, comme n'importe quel petit garçon : on cherche à se réfugier dans d'autres choses. Et aussi loin que je me souvienne, je n'ai jamais été le meilleur ami de ce qui nous apporte de l'énergie.

La nourriture a toujours été un camarade de classe que je ne pouvais pas me résoudre à aimer, et avec qui je passais pourtant toutes les récrés à jouer au chat et à la souris.

Je faisais mon possible pour me cacher d'elle, parce que je trouvais que je prenais beaucoup trop de place. Et paradoxalement ; plus je me cachais d'elle, plus il était simple de disparaître. Comme si je fondais aux yeux des autres, mais jamais aux miens.

Et puis, comme tout jeu à deux, très cher lecteur, tendre lectrice, ça m'arrivait parfois, de devenir le loup, et j'en avais la faim.

Inépuisable !

Jusqu'à ce que les nausées d'appétit deviennent des relans d'apathie. Je partais à sa recherche, derrière tous les arbres de la cour, dans chaque placard à gâteaux, au centre des flaques d'eau. Puis au frais de mon frigo.

Et quand j'apercevais le bout de son nez, quand je lui mettais la main dessus : on se mettait à danser à deux, oubliant le monde extérieur et ses allures de problème. Dans l'unique but de vivre un instant, de ressentir un émoi, une tristesse, un petit pas grand chose.

Comme pour remplir un vide d'une immensité affolante. Un vide que je n'arrivais jamais à combler. Et que -je le sais aujourd'hui- je n'arriverai jamais à combler.

Je mangeais, encore, toujours. Jusqu'à finir par exploser avant de recommencer.

J'ai toujours été dans cette relation abusive et bancale, comme lorsqu'on se dispute avec quelqu'un. Je suis sûr que toi aussi tu connais un couple comme ça, dans ton entourage.

Les petits trois fois rien s'accumulent pour eux, c'est l'heure du cache-cache. L'un note dans un carnet mental les déboires de l'autre, et l'autre dessine ceux de l'un sur la toile de ses pensées.

Ils accumulent des rancœurs, des « pas besoin de lui dire, ça passera » que l'on repousse à plus tard. Et d'un coup c'est l'heure du repas, un long et glacial repas assis à la table à manger de ce petit manoir de relation.

Les fameuses expressions que tu connais et as déjà entendues : « Vas-y ! Passe à table, dis-moi tout ! », « Oh, putain, qu'est-ce que tu me gaves. » jusqu'à ce qu'une remarque en amène une autre un peu trop violente, et que l'on finisse simplement par se faire gerber, hurler, pleurer.

Les espoirs se brisent comme la porcelaine. Un fracas, deux, et on ne se passe même plus le sel.

Moi, la nourriture m'a toujours gavé. Jusqu'à en déborder, sans pour autant m'en soucier. Et on recommence ce jeu du chat et de la souris. Avant de redanser à deux, encore une fois.

Mais malgré ma façon excessive de la côtoyer, il y a des cuisines qui ne m'ont jamais vraiment fait envie. Celle asiatique, par exemple.

Et pourtant, je me souviens d'un dîner à la table 48 d'un restaurant aux saveurs du soleil levant.

Je ne sais plus vraiment comment je m'étais retrouvé là, les yeux d'une jolie brune plongés dans les miens. Mais je me souviens où et dans quel état j'étais 24 heures plus tôt.

À 350 kilomètres plus à l'Ouest et mal.

« Ah bah rien de bien nouveau, cher Adrien ! » me diras-tu, cher lecteur, tendre lectrice. Je sais.

On ne va pas réinventer la roue, mais il est vrai que mes émotions me donnent souvent le tournis. Quelques mois auparavant, je venais de perdre un Amour grandissant.

C'est fou, parce qu'en t'écrivant j'ai l'impression d'être une petite âme risible qui ne sait faire que deux choses : aimer et souffrir. Comme un amoureux de l'Amour qui ne peut s'empêcher de semer un ou deux grains de drames dans son sablier de vie. Mais c'est comme ça.

Bref, je n'écrirais pas plus de mot sur cette mal-histoire de cœur, j'en ai déjà exposé quelques recoins ailleurs et je ne veux pas lui accorder plus de pages.

Tout ce que je veux bien te partager, c'est que de cette histoire est née ma peur bleue des numéros de téléphone que je ne connais pas. Aucun rapport, tu vas me dire. Pourtant, il y en a bien plus que ce que tu ne crois ! Tu sais, quand tu commences à avoir peur des appels que tu peux recevoir à n'importe quelle heure de la nuit ou de la journée : tu perds une énorme part de liberté.

Parce que rien n'y fait de où et quand tu te trouves. Fuseau horaire, restaurant, ou monument : tout peut basculer à cause d'une voix que l'on reconnaît au bout de 10 numéros que l'on reçoit sur son smartphone.

Et la peur constante, cette petite boule au corps qui gronde et grogne sans arrêt : amène toujours une forme de chagrin impossible à gérer.

Ce chagrin, je le portais au fond du ventre à chaque repas, avant et après manger. Mais là, dans ce restaurant chinois et avec ce petit bout de femme de la table 48, j'avais l'impression d'avoir une relation saine avec la nourriture.

Je ne mangeais pas trop, parce que je me sentais moins vide et un peu mieux. Plus besoin de me cacher, juste à être. Juste à profiter. La nourriture y était à volonté, et pourtant je n'en voulais pas.

« *Tu sais, A, tu peux juste éteindre ton téléphone.* »

C'est vrai ça, c'est tout. Tout comme il faut simplement que « j'arrête de me resservir » quand je commence à avoir peur que ça déborde.

Un instant d'eurêka à la limite du risible. Et pourtant, j'aurais voulu capturer ce moment pour le garder dans un cadre.

[...]

Peut-être que, finalement, je ne me suis jamais perdu. Ou peut-être que c'était si lointain que je me cherche quelques excuses.

Et si le premier morceau de moi que j'ai égaré dans la course éreintée de la vie s'était brisé en même temps que mon fémur.

Peut-être que son minuscule est encore en train de baigner au centre de cette demi flaque-d'eau savonneuse, dans la salle de bain de mon enfance ?

Les pompiers, en me portant pour m'escorter jusqu'à l'extérieur de ce chez-moi, auraient, maladroitement donné un coup de pied dans ce petit fragment osseux, me faisant le perdre de vue.

Et en nettoyant la scène du crime, on l'aurait jeté. Perdu à jamais.

[Comme le petit poisson doré que mon grand-père m'avait laissé.]

À la liberté retrouvée,
sur le sol d'un chagrin
qui ne semble jamais
s'apaiser, jamais
s'arrêter.

CE MOMENT
UN MOMENT

MENT UN MOMENT UN MOM
MENT UN MOMENT UN MOME
MENT UN MOMENT UN MOME
MENT UN MOMENT UN MOME
MENT UN MOMENT UN MOME
MENT UN MOMENT UN MOME
MOMENT UN MOM
MOMENT UN MOM
MOMENT UN MOME
MOMENT UN MOM
MOMENT UN MOM
MOMENT UN MOM
UNMOME
MOM
MOM

Suis-je moi …?

Très cher lecteur, tendre lectrice,

Qu'est-ce que tu fous encore là ?

La marche à suivre était pourtant simple : « Tu peux refermer ce livre ». Bon sang que tu as la tête dure ! Un esprit de contradiction, j'imagine ? Sûrement. Dans tous les cas le bilan est là : on en a fait du chemin, n'est-ce pas ?

Page après page, idée après idée. Souvenir après souvenir.

Je ne sais pas toi en les lisant, mais moi j'ai pleuré quelques fois en écrivant ces mots. J'ai ri, aussi. Enfin, soufflé du nez. Comme on le fait en répondant un « AHAHAH » à une blague par texto.

C'est drôle, la vie.

On est là, on passe par trois sentiments, une douzaine d'émotions, on se colle une étiquette « d'adulte grandissant » sur nos fronts d'adolescents. Et puis on se rend compte qu'on a pris de l'âge, et qu'on a pas mal perdu, au passage.

On regarde à gauche, on ne voit plus nos parents.

À droite, les amis ont disparu.

Les Amours, aussi.

Mais je crois que c'est simplement ça, de vivre. C'est se fixer des objectifs, et ne jamais les finir. C'est de ne pas suivre les ordres. Même les plus simples comme « refermer ce livre ». C'est sourire dans la chute, et aimer sans condition.

C'est pleurer, beaucoup pleurer. Souvent pleurer. Même quand on est grand et barbu. C'est agréable de pleurer, on se sent vivant.

On connaît tous ça, tu sais. Alors pourquoi vouloir le cacher ?

Là où ça fait froid dans le dos, cependant, c'est quand on ne voit plus rien en plongeant ses yeux dans un miroir. Ce truc-là, je ne le souhaite à personne sur Terre. Ni ailleurs, d'ailleurs.

Pas même à mon pire ennemi.

Donc pas vraiment à moi, finalement.

Puisque moi, c'est lui.

Perdre la tête, c'est une chose. On survit, on se soigne aussi.

Mais se perdre soi-même. C'est terrifiant. C'est perdre la seule constante dans la vie, celle de se côtoyer, de la naissance à la mort. Peut-être même plus loin ! Si j'y vais avant toi, lecteur, je ferai en sorte de te prévenir.

Adrien, je ne sais pas où tu es. J'ai écrit des centaines de pages, et des milliers que je ne publierai jamais. On a quelques témoins qui lisent certains mots que je te laisse, tu sais.

Je crois que je renonce doucement à l'idée d'un jour te serrer dans mes bras, de te recroiser dans un reflet.

Peut-être que tu n'as jamais été moi, jamais été là. Pourtant je me souviens encore de cette étincelle dans tes yeux, de cette envie de bouffer le monde. D'être assez grand, assez fort pour pouvoir porter à bout de bras toutes les personnes dans ton cœur.

De ton allure de grand gamin aventureux, que j'arrive toujours a dessiner au fusain de mes idées.

Mais ce qui peuple mon esprit, sont peut-être des faux souvenirs que je me suis inventé, c'est difficile d'en être sûr, tu sais.

Quand je me réveille, parfois, au milieu de la nuit, j'ai l'impression d'avoir un couteau dans le cœur, comme si c'était encore là, vif. Mais la seule chose que j'ai planté, c'est le doute d'un jour t'avoir connu.

Peu importe tout ceci, un jour il faut accepter que le manque ne se comble pas. Et ce jour est arrivé, mon Ami. Je fais la paix avec ton absence. Tu ne m'as pas vraiment laissé le choix, après tout. Tu as répondu à mes messages en laissant le bruit de l'écho faire son travail.

Tes rires, tes rêves de grands, le brouhaha de tes envies. Tout ceci s'est fait remplacer par une montagne de silence. Et tu sais comme je préfère le plat et les prairies.

Si je ne me sens pas chez-moi, ce n'est peut-être pas parce que tu manques à l'appel. Mais bien par choix. Celui d'avoir peur d'être encore toi. Et de ne pas être à la hauteur de cette belle image colorée que je me suis faite de qui j'étais.

Si je ne vois plus rien dans mon reflet, c'est peut-être que j'ai peur de justement, voir très bien. Et de ne pas me plaire.

Et si j'aime aimer, si j'aime séduire, c'est peut-être que j'espère inconsciemment qu'en le faisant : je finirai par me séduire moi-même. Et par m'aimer.

Oui, je me manque. Mais je crois que c'est simplement parce que je ne sais pas comment m'accepter, comment me consommer.

Tu sais, lecteur, lectrice, c'est comme l'oxygène.

Tu as déjà essayé de respirer sous l'eau ? Dans la vraie vie, pas dans les rêves. Sous l'eau, on se noie. Qu'elle soit contenue dans une mer où les gens qui se brûlent les ailes atterrissent, ou dans une flaque d'eau en Irlande : on ne peut pas respirer.

Pourtant, l'eau est constituée d'oxygène. Mais les autres molécules qui y sont attachées nous empêchent simplement de le respirer.

Je me manque.

Mais pas parce que je suis absent ou parce que je me suis perdu. Je me manque parce que les idées noires et les faux espoirs que je me suis créé sont attachés à ce que je vois dans le miroir. Ce manteau de désamour m'empêche de me côtoyer comme je suis.

Parce que ce que je suis n'est peut-être pas aussi beau que dans les livres ou sur les réseaux.

Adrien, je t'ai peut-être simplement perdu des yeux, mais tu es bien là.

Sous le voile de ce que je ne veux pas voir. Ainsi, ce livre, n'est pas qu'un message que je me laisse. C'est un dialogue que je commence avec moi-même.

Et je crois, très cher lecteur, tendre lectrice, que si tu es arrivé au bout de cette piste de morceaux de cœur, c'est que, toi aussi, tu as besoin de discuter avec tes peurs. Peut-être que tu as toi-même besoin de murmurer tes pleurs, tes rires, tes humeurs.

Parce que lorsque que le monde s'éteint, quand les nuits débordent des lampadaires : combien cherchent à se saturer les méninges d'idioties pour éviter de dialoguer avec leurs êtres ?

Combien s'enivrent juste pour impressionner les autres et éviter de se rencontrer ? Combien dansent sans objectif bien précis à part s'éviter et créer des souvenirs que l'on oubliera aux aurores ?

Pourtant je crois que nous écrire, nous dire « bonjour, comment vas-tu ? » est un luxe que l'on néglige bien trop souvent. Un petit clin d'œil qui rendrait tout ceci supportable. Qui teinterait la vie du même bleu que l'océan, soulignant toutes les ecchymoses qui nous façonnent.

Il ne s'agit pas de nous aimer, non. Je ne cherche absolument pas à m'aimer. Mais à ne plus m'invisibiliser : je suis là, devant moi, bien moins séduisant que l'image que j'ai de moi en tête.

Mais je suis là. Alors autant me rencontrer.

Je ne veux pas que tu retiennes de ce livre dédalesque qu'avant d'aimer quoi ou qui que ce soit tu dois t'estimer toi-même. C'est idiot de penser cela. L'amour donne des ailes, oui, mais c'est tout. Il n'en est pas une, il n'a rien d'oiseau que l'on peut mettre en cage.

« S'aimer soi-même » c'est une façon supplémentaire d'aimer.

C'est comme cuisiner, finalement ! Est-ce que ne pas savoir faire d'omelette veut dire que l'on ne sait pas faire un joli plat de pâte qui rassasie. Non. Peut-être que toi, tu sais faire les pancakes à la banane pour bien démarrer la journée, mais que tes dîners commencent souvent par « on commande quoi ? ».

Je crois candidement que l'on peut aimer correctement, sainement, sans s'aimer soi-même. Madame Printemps me remercie parfois de ma façon de l'aimer.

Je ne sais même pas si j'ai eu une seule journée d'existence, avant même d'aimer quelqu'un d'autre que moi.

Je crois être un bon aimant.

Sans pour autant me trouver attirant.

Et je pense très sincèrement que c'est ça, la magie que l'on peut trouver dans le simple fait de vivre. C'est qu'il y a autant de façons de se perdre que de se retrouver. Autant de façons d'aimer autrui que de se haïr soi-même.

Tout est unique et pourtant si irrémédiablement similaire.

J'ai l'impression de m'écrire, mais je sais aussi que tu as l'impression de te lire en me lisant. Que dans mes mémoires se trouvent les échos de tes propres souvenirs, cher lecteur, tendre lectrice.

Oui, je me manque, beaucoup, maladroitement, passionnément, aveuglément, éperdument, violemment, à la folie, parfois même à mourir.

Mais finalement plus vraiment.

Parce que si moi je me manque, c'est que tout le monde se manque un peu, au fond. Si mes morceaux de cœur sont des petites pierres pour me retrouver, c'est que nous sommes tous un peu Petit Poucet.

À la fin de la journée, je ne suis qu'un type de plus dans cette immensité de n'importe quoi.

Et si tu arrives à lire cet énième paragraphe de cette ode à mon égocentrisme, c'est que finalement, cher lecteur, tendre lectrice : ce livre était un peu pour toi.

Alors merci d'avoir fait vivre mes petits mots, une fois de plus.
Moi, j'ai encore beaucoup du boulot. Et un barbu à rencontrer.

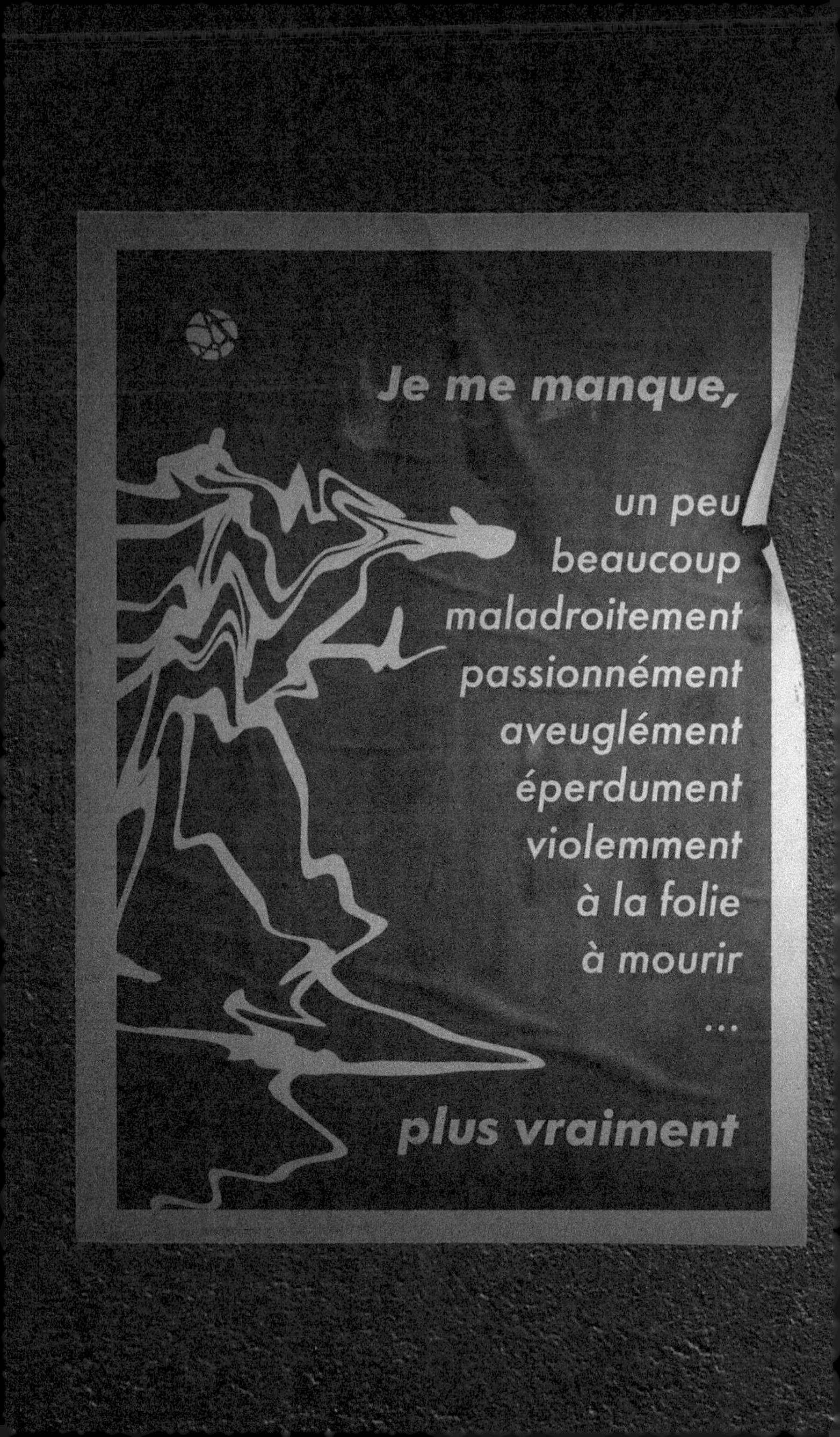

Je me manque,

un peu
beaucoup
maladroitement
passionnément
aveuglément
éperdument
violemment
à la folie
à mourir
...

plus vraiment

Il est temps de tout refermer, qui sait relira ce labyrinthe de grand n'importe quoi ? Toi, moi ?

FINALEMENT, UN PUZZLE DO...
PIÈCES MANQUA...
N'EXISTENT PLUS...
N'EST-IL PAS FINI...

...

www.ingramcontent.com/pod-product-compliance
Lightning Source LLC
La Vergne TN
LVHW020336200726
843507LV00012B/2390